대학 갈 수 있을까?

지방 학생의 입시 고군분투기

대학 갈 수 있을까?

15년 경력 실제 사례로 보는 농어촌전형의 모든 것

유정선 · 김윤지 지음

　시골 학원에 있으면서 많은 학생과 학부모님을 만난다. 대부분의 학부모님, 학생은 고등학교 선택, 농어촌전형, 어느 정도 대학에 갈 수 있는지, 수시 원서 지원에 대해서 정보를 얻고 싶지만, 시골 지역에선 정보를 구할 곳이 없어서 조언을 구하러 학원에 찾아온다.

　"A고등학교 가면 공부 잘할 수 있을까요?"
　"B고등학교 가면 놀지 않을까요?"

　평준화된 대도시와 달리 직접 고등학교를 선택할 수 있는 지방에선 학교 간 내신 편차가 크다. 지방 고등학교에 대한 정보와 학생이 진학하면 어떨지 물어보시는 부모님이 많다. 지방 고등학교의 경우 정보를 얻기 힘들지만, 대도시와 달리 고등학교 선택권이 있어서 전략적으로 접근하면 대입을 유리하게 시작할 수도 있다. 이 책에도 고등학교 선택과 대학 진학에 대해서 여러 친구의 이야기를 담았다.

　"농어촌전형 쓰면 도움이 되나요?"
　"농어촌전형이 뭐죠?"

　학원에 오래 다닌 친구들의 원서를 도와주면서 농어촌전형을 많이 썼다. 대학교에 쓸 수 있는 전형이 교과전형, 종합전형 2개인 것보다, 교과전형, 종합전형, 농어촌전형으로 3개면 대학을 선택할 때 유리하다. 학원에 다니던 친구들이 농어촌전형으로 대학 가는 모습을 보고는 재수, 삼수 때 학원을 찾아오는 학부모, 친구가 많은데, 농어촌전형에 대한 정보를 얻을 수 있는 곳이 없어서다. 혹시 지방에 농어촌전형을 쓸 수 있거나, 관심이 있는 분들을 위해서 농어촌전형으로 수시 원서를 쓴 친구들의 내신성적과 전형, 입시 결과도 책 안에 담았다.

"인서울 할 수 있어요?"
"서울대, 의대 갈 수 있어요?"
"경쟁률 보고 쓰면 달라지나요?"

대학교에서는 60% 이상의 학생을 수시로 선발한다. 시골 지역이라도 농어촌전형을 쓸 수 있는 비율은 낮기에, 시골의 많은 친구가 일반전형을 지원한다. 그런데 시골 지역에서 스카이, 인서울대학을 지원하려고 할 때, 대도시 고등학교와 달리 어느 정도 성적으로 지원해야 하는지에 대한 정보가 부족하다. 시골 지역 고등학교에서 일반전형으로 지원했을 때 눈치작전, 입시 결과도 책 안에 담았다.

지방 고등학교를 다니는 학생, 학부모님, 고등학교를 선택해야 하는 분들, 농어촌전형에 관심 있어 하는 분들을 위해서, 대학입시에 도움이 되고자 책을 만들었다. 시골 학원에 다녔던 친구들의 고등학교 선택, 농어촌전형, 원서 쓰는 과정, 입시 결과와 그 이야기를 담은 이 책이 여러분께 작은 도움이 되었으면 하는 바람이다.

| 목차 |

2
Chapter.

시골 학교 내신 1점대, 최저 맞추면 스카이,
의치한수 못 맞추면 서·성·한, 중·경·외·시

3
Chapter.

애들아 내신 포기하지 마
•아무리 나쁜 내신도 써먹을 데가 있어 •

4
Chapter.

인서울 하고 싶어요!

5
Chapter.

N수, 또 다른 기회, 기다림

Chapter. 1

엄마의 꿈
- 명문대

바라는 대로 생각하는 대로
2014 농어촌전형 S고 내신 1점대 서울대 경영학과

민민이는 중학교 1학년 때 시골 학원을 개원하면서 처음 만난 친구다. 중학교 2학년 때부터 고등학교 선행공부를 시작해서, 고2 과정까지 기하벡터를 제외한 수능, 모의고사 내용을 마무리 짓고 중학교를 졸업한 친구다. 기본적으로 머리가 좋은 친구라 큰 어려움 없이 고등학교 선행 과정을 진행하면서도 중학교 중간, 기말고사 준비하며 친구들과 잘 어울렸다.

머리 좋은 친구들의 경우 긴장감이 부족해서 늘어지거나 숙제를 덜 해오는 경우가 있어서 같이 수업하던 친구들과 '천배 은행'을 만들기로 했다. 시골 학원 근처에는 1,000년 넘은 절이 5개나 있었는데, 숙제를 안 해올 때마다 절 100번이 적립되고 일정 정도 이상이 되면 그 근처 절에 가서 적립된 수만큼 절을 하고 짜장면을 먹고 오기로 한 것이다.

"민민아 애들 합치니까 2,500배 정도 되더라. 한번 근처 개태사 가서 절하고 정리하고 오자."

"쌤, 근데 저는 400배만 하면 되는데, 태웅이랑 의준이는 500배가 넘네요. 지수나 다른 애들은 금방 할 거 같은데."

"이번 주 토요일 10시에 애들이랑 학원으로 와. 여기서 차 타고 가면 10분도 안 걸려. 끝나고 계룡대 반점 가서 짜장면 먹자."

"그런데 쌤은 절 안 하세요?"

"응. 쌤은 절에 간 예의상 3배만 할 거야. 쌤 무교야."

"저 교회 다니는데 부모님이 싫어하실 거예요."

"이미 말씀드렸어, 숙제 안 해서 간다니까 다음부터 숙제 안 하면 절 200배로 늘려달라고 하셨어. 적극 고려 중이야."

"아……."

토요일 오전, 7명의 아이를 데리고 개태사에 갔다.

아이들이 칠판에 적립한 숫자를 세면서 절을 하고 있는데, 스님께서 무릎 아프지 않도록 방석도 가져다주시고, 끝나고 차도 한잔 마시고 가라고 하셨다. 600배, 500배, 400배 각자 적립된 수만큼의 절을 1시간 내로 다 하고는 방석에 엎드려있었다.

"얘들아 수고했어, 체력 좋네! 계룡대 반점 가서 짜장면 먹자."

"쌤 너무 힘들어요. 다리가 잘 안 움직여요."

법당에서 나와 신발을 신고 계단 내려갈 때, 휘청이며 계단에 주저

앉는 아이도 있었다. 아이들은 힘들었는지 짜장면을 먹으면서 속이 울렁거린다고까지 했다.

이후로 아이들이 숙제를 필사적으로 하는 걸 느낄 수 있었다. 그 당시 학원을 다녔던 친구들을 만나면 천배 은행 이야기를 자주 한다.

고등학교 진학을 앞두고 민민이 어머님과는 이야기를 자주 나눴다. 첫째는 유학, 둘째는 의대, 셋째는 성균관대를 보내시며 10년 이상 수험생 부모 역할을 하셨다. 민민이는 내신 잘 받는 J고(현 S고)를 생각 중이셨다.

"이번에 세종시로 편입되어서 교육감상 받기도 편하고, 농어촌 되니까 나중에 서울대학교 진학할 때 유리할 거 같습니다."

"세종시로 이사 생각 중이라 가까운 곳에 가는 게 좋을 거 같은데, 잘하는 애들이 없어서 걱정이에요."

"민민이 기본 머리 좋아서 지금 수능 봐도 어느 정도 나올 겁니다. 서울대는 농어촌전형이 수시에 있으니까 내신 챙기고 교육감상 같은 활동을 채워도 좋을 거 같아요."

"같이 공부할 친구가 없을 거 같아서, 이 지역에서 공부하는 애들 몇몇이 같이 가서 공부했으면 좋겠어요."

이후 이 지역에서 친구들 10명 정도가 J고에 같이 입학했다. 10명 정도 공부 잘하는 친구들 데려가니 조치원고에서도 기숙사, 자습실 등 많은 편의를 봐줬다. 고등학교에 같이 간 친구들도 내신 1점대를 받았고, 그중 학현이는 동국대 경찰행정, 재용이는 대구 교대를 가는 등 대학교에 잘 갔다.

민민이와 같이 공부했던 친구 지수는 공주사대부고 진학 후 고려대 의공학과, 충남 과학고 갔던 의준이는 아주대, 충남과학고 간 예람이는 이화여대에 갔다.

민민이는 S고에서 교육감상, 대한민국 인재상, 내신 1점을 받고, 서울대 경영학과(2014)에 입학했다. 이후 서울대 경영학과 졸업 후, 2020년에 서울대 로스쿨에 입학했고, 얼마 전에는 변호사 시험에 합격했다.

대학교 입시는 고등학교 선택부터 시작된다. 학생 상황에 맞게 특목고, 영재고, 명문 자사고, 내신 받기 편한 고등학교 등을 선택해야 한다.

서울대 의대, 연세대 의대, 고려대 의대, 성균관대 의대, 울산대 의대 등의 메이저 의대를 원하면 영재고, 자사고 최상위권 혹은 지방 고등학교에서 내신 1점을 받으면 된다.

의대를 제외한 서울대, 연세대, 고려대, 카이스트는 특목고, 영재고, 자사고, 일반고 등 어느 학교에 가도 상관없다. 동일한 능력의 학생일 경우 내신 받기 편한 고등학교에서 서울대 가는 확률이 제일 높다. 자사고에서 내신 2점을 받은 학생과 일반고에서 내신 1.2점을 받은 학생 중 후자의 친구들이 입시 성적이 더 좋다.

정시를 생각하는 친구들에겐 특목고나 영재고, 자사고가 당연히 유리하지만, 전체에서 정시 비율이 40%밖에 안 돼서 나머지 60%를 포기하는 점은 아쉽다.

민민이가 입학했던 시점에 S고는 내신 받기 편한 학교였지만, 이후에 입시 결과가 좋아지면서 잘하는 친구들이 많아져서 현재는 내신 받기 어려운 학교가 됐다. 현재는 S고에 간다고 해서 예전처럼 대학에 잘 간다는 보장은 없다.

문·이과 내신 나눠 먹기

2016 S고 이과 내신 1.04점 충남대 의대, 문과 내신 1점 서울대 경영학과

민민이 어머님께서는 민민이 고등학교 3학년 때, 계룡에서 엄사중을 졸업하고 S고에 입학한 호호를 소개해주셨다. 모의고사 수학은 1등급이 나오지만, 안정적으로 준비하고 싶어 학원에 왔다고 했다. 대부분이 성적 상승을 목표로 학원에 다니지만, 최상위 의대를 원하는 학생은 혹시 모르는 정시 지원을 위한 수학 100점을 준비하며 공부한다. 학생 입장에서는 새로운 문제에 대해 분석하고, 고민하는 시간을 줄이기 위해서 학원에 다니는 것이다. 새로운 문제나 풀이 과정이 오래 걸리는 문제 해결을 위한 공부를 하면서 질문할 문제를 가져와 고민하고, 생각해볼 문제를 소개하는 과정이 끝나면 혼자 수능을 준비한다.

"호호야 뭐 하고 싶어?"
"뭐 하고 싶은지 잘 모르겠는데, 의대 가고 싶어요."

"이번 모의고사 등급 어떻게 나왔니?"

"올 1 나왔어요. 수학은 2개 틀렸어요."

"등급만 유지 잘해도 충남대 의대 이상은 갈 수 있겠다."

"수업 때는 어떤 거 공부하고 싶니?"

"기본만 공부해서 심화 과정이랑 모의고사 대비를 안정적으로 하고 싶어요."

수학은 1년 정도 기본 선행만 하고 심화 과정 없이 기본서와 쎈수학만 풀어서 1등급 맞을 정도로 수학에 감각이 있는 친구였다. 1학년부터 블랙라벨, 실력정석, 기출문제집 위주로 공부하고, 2학년 2학기부터는 수능 모의고사 킬러, 준 킬러 위주로 공부했다.

딱 한 번, 2학년 2학기 중간고사 때 서술형 답지를 밀려 써서 수학 2등급이 나왔다.

"그래도 수학 잘 막았네, 다음 학기 1등급 챙기면 최종 내신 1.03~1.04점은 나올 거야."

"중간에 서술형만 안 밀려 썼어도 좋았을 텐데 너무 아까워요."

"그래도 최저 맞추고, 이 정도 내신이면 충남대 의대 이상은 편하게 가니까, 너무 걱정하지 마."

"내신 2등급이 하나 나와서, 지방 고등학교에서 메이저 의대는 힘들지 않을까요?"

"학교장추천전형, 농어촌전형 등 선택지는 많이 있으니까 괜찮을 거야."

결과적으로 최종 내신 1.04점으로 마감했다. 수시에서 서울대 의대를 지원했지만 1차에서 떨어지고, 충남대 의대(2016) 최저를 맞춰 합격했다. 내신 2등급이 하나 나온 것을 두고두고 아쉬워했다.

같이 학원 다녔던 규규는 S고 문과 내신 1점으로 서울대 경영학과에 합격했다.

당시 S고에 공부를 잘하는 학생이 문과에는 규규, 이과에는 호호뿐이어서 이 둘이 내신을 나누어 챙기면서 서울대와 의대에 입학한 것이다. 이런 호호와 규규의 입시 결과 때문에 많은 학부모님이 S고를 선호하게 됐고, 이후 몇 년 동안 계룡시에서 공부 잘한다는 친구들이 S고로 많이 갔고, 대전과 세종시에서 많은 친구가 지원하는 학교가 됐다. 선호도가 높아진 만큼 현재 S고에서는 내신 받기가 어려워졌고, 예전보다 잘하는 친구들이 많이 오지만, 입시 결과가 좋아지진 않았다.

호호와 규규의 1년 후배인 병욱이는 1등급 경쟁자가 별로 없었고, 내신 1점 초반으로 다음 해에 서울대(2017)에 입학했다.

엄마 친구 아들

2017 농어촌전형 H고 한림대 의대

일반적으로 어머님들은 공부 잘하는 명문고에 가면 아이가 열심히 할 거로 생각한다. 중학교 때 열심히 했으니, 고등학교 가서도 열심히 할 거로 생각하지만, 명문고에서 어떤 친구들과 경쟁할지에 대한 고민은 부족하다. 희희는 지금까지 가르쳤던 친구 중에 가장 성실하고, 열심히 노력한 친구다.

중학교 때 영어 에세이만 1,000편을 쓰고, 열심히 공부해서 H고에 입학했다.

"수학쌤이 5월에 교육청 수학 소논문대회가 있다고 하셔서 준비하고 싶어요."

"주말에 나올 수 있니? H고, 원래 5월 중간고사까지는 귀가 없잖아."

"담임쌤이 소논문대회 준비하면 일요일 오전에 나갔다 오후에 들어와도 된대요.”

“예전에 예환이 중학교 때 수식으로 그래프 그려서 영재원상 받아 홍콩 연수 갔는데, 그걸로 주제 잡아서 하자.”

“시간은 얼마나 걸릴까요? 4월에는 중간고사 준비해야 해서요.”

“될 수 있으면 3주 내로 끝내자. 승희도 대회 준비한다고 하던데 조금 다른 거로 준비하자.”

“학교에선 노트북 사용을 못 해서 일요일 올 때마다 다 할 수 있나요?”

“최대한 결과물 빨리 만들어서 제출하고 공부해.”

희희는 4주 동안 준비한 논문으로 1차 심사를 통과하고, 하루 동안 발표 자료를 준비하여 충남과학고 가서 참신하다는 심사평을 받는 소논문대회 2부(과학고, 충남외고, 공주사대부고, H고는 2부, 충남 지역 일반고는 1부)에서 은상을 수상했다.

중학교 때 선행을 많이 못 해서 방학 때 귀가 10일 동안 다음 학기 진도를 빼느라 바빴다. 참고로 그 당시 H고 수학 진도는 1학년 1학기 수학(상)·(하), 1학년 2학기 수1·수2, 2학년 1학기 미적분, 2학년 2학기 심화수학은 수능 킬러·준 킬러 문항 대비, 3학년 1학기 기하벡터였다.

방학의 짧은 기간에도 진도 나가는 만큼 모든 숙제를 다 해왔다. 심지어 2학년 겨울방학 때 설 연휴 전후로 이틀씩 진도를 나가서 나흘 동안 기하벡터를 끝낸 적도 있다.

"희희야 숙제하는 거 힘들지."

"그래도 배우고 나서 바로 하면 할 만해요. 나중에 하는 게 더 힘들어요."

"요즘 예환이(중학교, H고 1년 후배) 공부 잘하고 있니?"

"요즘에 공주여고 애들 만난다고 하던데, 알아서 하겠죠."

"ㅎㅎ 그 녀석. 너는 공부하면 스트레스받지 않니? 스트레스 어떻게 풀어?"

"학교에서 축구하고 땀 흘리면 풀리는 거 같아요."

"잘 먹고, 운동 꾸준히 해야지. 이제 1년 남았네! 조금만 더 고생해. 얼마 남지 않았어."

3학년 1학기 마치고, H고 내신 2.1점, 이과 2등으로 내신을 마감했다. 같은 방 쓰던 친구는 1.9점으로 이과 1등으로 마감했다.

"내신 잘 나왔네. 메이저 의대는 3 합 3, 4 합 4니까 최저 열심히 준비하자."

"열심히 했는데 1점대는 못 하겠더라고요. 같은 방 친구가 1.9점인데 개는 공부 열심히 안 하는 것 같은데, 머리를 못 따라가는 거 같아요."

"ㅎㅎ 일반적으로는 너처럼 노력하는 것도 어려워. 너도 괴물소리 들으면서 그래."

아쉽게 서울대 의대, 메이저 의대는 떨어지고 한림대 의대에 합격했다. 같은 방 쓰던 룸메이트는 정시로 서울대 의대에 합격했다.

지금까지 가르치던 학생 중에서 부모님이 피곤할 테니 공부는 그만하고 자라고 했던 몇 안 되는 친구였다. 친구들과 주변 사람들에게 많은 어록을 남겼다.

"스트레스받으면 수학 문제 풀어요. 어려운 거 하나씩 풀다 보면 스트레스가 풀려요."

"이것만 하고 잘게요. 조금만 더하면 돼요."

"고등학교 생활 너무 힘들었어요. 돌아가기 싫어요."

"그래도 영어는 쉬워요. 자주 보다 보면 되잖아요."

희희를 아는 부모님들의 아이들은 희희에 대한 이야기를 수없이 들었다.

"희희가 공부한다고……."

"희희 형이 스트레스받으면……."

"희희 오빠가 방학 때 나와서……."

엄마의 꿈

2020 농어촌전형 H고 서울대 의대

H고는 매년 170명 정도가 입학하고, 1학년 때 10명가량이 전학이나 자퇴를 해서 150명 조금 넘는 수가 졸업을 한다. 근래에는 150명가량의 졸업생 중 2~3명 정도가 서울대 의대에 합격하고 있다. 학생 수 대비 전국에서 서울대 의대에 많이 합격하는 학교 중 하나다. 서울대 의대에 합격한 선배들이 잘해서, 후배들의 입시에도 영향을 미치고 있다.

아이를 H고에 보내길 원하는 어머님들이 많지만, H고를 추천하는 경우는 많지 않다. 천재인 경우, 머리 좋고 정말 열심히 노력하는 친구인 경우에만 추천한다. 일반고에서 가기 힘든 메이저 의대나 카이스트, 수능이나 시험성적이 중요한 사관학교나 경찰대, 머리는 좋으나 성격상 일반고 내신 못 챙기고 어차피 정시 준비해야 할 친구 정도에게 추천한다.

신신이는 H고에 먼저 입학한 희희와 환환이 어머님 소개로 학원에 왔다. 신신이의 큰 누나의 경우 일반고에서 내신 챙겨 서울대에 합격했고, 똑똑한 막내도 H고를 보내길 원하셨다.

"일단 H고는 1학년 때 수2까지 진도를 나가서, 중3 때 최소한 수2까지 심화 과정은 마무리 지어야 해서 1년 동안 열심히 공부해야 합니다."

"네, 잘 알아서 공부시켜주세요. 부탁드립니다."

입학까지 1년밖에 안 남아서 실력정석, 블랙라벨로 진도를 진행했다. 이해도와 수학적 감각이 좋아서 욕심내서 진도를 빼고 있었다.

그러던 어느 날 어머님께 전화가 왔다.

"선생님, 신신이가 공부할 거 많다고 너무 힘들어해요. 책임감이 있는 아이라 숙제 다 해야 한다고 하는데 안쓰러워서요."

"H고 가서 따라가려면 기본적으로 준비할 게 많은데, 시간이 얼마 남지 않아서 이 정도는 해놔야 합니다. 학생 수준에 공부를 맞추는 게 아니라, 공부 수준에 학생이 맞추어가야 해요. 아니면 고등학교 가서 버티기 힘듭니다."

"애가 너무 힘들어해서 수학에 흥미 잃을까 걱정이에요."

"공부는 하나도 힘들지 않습니다. 등산이 힘들죠. 공부한다고 땀나고 숨차지 않습니다. 지금은 힘든 게 아니라 익숙해지지 않은 겁니다. 조금만 더하면 익숙해질 겁니다."

신신이는 H고에서 열심히 노력해서 내신을 마감했다. 학교장추천은 다른 친구가 가져가서, 농어촌전형으로 서울대 의대를 지원했다. 다행히 서울대 의대에서 농어촌전형 1명을 뽑는데 4명만 지원했다. 2배수 면접에 다녀온 후 서울대 의대에 합격했다. 이 해에 H고 친구 3명이 수시로 서울대 의대에 합격했다.

많은 분이 입시 결과만 보고 아이를 H고에 보내고 싶어 하는데, 이 친구처럼 열심히 노력할 수 있는 친구들만 H고에 보냈으면 한다.

바르게 자란 아이들

2017 서울대 정치외교학과, 2018 인제대 의대

학원에 오는 많은 친구 중에서 참 잘 컸다 생각이 드는 친구들이 있다. 아이 키우는 입장에서 그 아이들 부모님이 어떻게 키웠는지 궁금한 마음에 어릴 때 배운 거, 놀러 다닌 것들을 물어보곤 한다. 주주는 중1 때 학원에 왔다. 중학교 시험성적은 좋았지만, 선행 진도를 하나도 안 한 상태였다. 수업 시간에 집중력이 좋았고, 문제를 접했을 때 여러 방식으로 풀려고 노력하는 친구였다.

max, min 함수를 이용해서 그래프를 그리는 수업에서 부등식의 영역을 이용해서 많은 그림과 로고 등을 만들었다. 수학 소논문대회가 많을 때라 고등학교 진학 전에 코딩을 이용한 수열, 확률계산, 함수식을 이용한 그래프 그리기 등을 가르쳤다.

같이 수업하는 환환이는 어릴 때부터 가르쳐서 어느 정도 예상하고 가르쳤지만, 주주는 어느 정도인지 잘 몰랐다.

"주주랑 환환이 그래프 수업은 고등학교 선행이랑 상관없이 직선, 포물선, 원, 타원만 이용해서 그리면 돼. 주주는 원이랑 타원 방정식 기본형태만 하고 평행이동만 하면 되니까 너무 걱정 안 해도 돼."

같은 수업을 중학생, 고등학생 모두에게 진행했는데 학년 상관없이 집중력이 좋고, 해결 방안을 찾는 친구들이 산출을 잘했다. 처음 수업에서 주주가 환환이랑 별 차이 없다고 느꼈고, 문제 해결 속도가 상당히 빠르다는 걸 알 수 있었다.

일반적으로 잘하는 친구들이 진도도 빠르고, 선행을 많이 나간다. 잘하는 친구지만 선행을 이렇게 안 한 친구는 오랜만에 봤다.

"주주야 지금 진도보다 더 빨리 나가도 좋을 거 같아. 문제집도 어려운 거 하는 게 좋을 거 같은데?"

"지금 공부하는 거 재미있는데, 중간, 기말고사 잘 보고 싶어서요. 예전 학원 다닐 때는 실수가 잦아서 시험 준비 많이 했어요. 진도 빨리 나가도 괜찮을까요?"

"진도 느리게 나가도 주주 정도면 수능 준비까지 하는 데 문제없을 거 같아. 그런데 중간, 기말 준비한다고 중학교 쎈수학만 너무 돌리는 거 비효율적이야."

"책은 어떤 거 준비해요?"

"어려운 거 안 해봤지? 고1 쎈이랑 블랙라벨 같이 해도 좋을 거 같아. 주주 같은 친구는 문제 수 적고 어려운 거 공부하는 게 더 재밌을 거야."

주주는 2018년 인제대 의대, 언니 옥옥이는 2017년 서울대 정치외교학과에 입학했다.

아래는 중2 때 환환이와 주주가 만든 엘지 로고 이미지다. GrafEq, 지오지브라 프로그램에 아래와 같이 입력하면 아래와 같은 로고가 나온다.

```
(min(min(min(min(min(min(-min(max(x^2+y^2-2.6,max(|sin500x|,|sin500y|)),
x^2+y^2-2),max(x^2+y^2-1.6,max(|sin500x|,|sin500y|))),max(|x-1.08|,|y-1.08|)
-1),max(|1.1x-0.9|,|6.5y|)-0.5),(x+0.53)^2+(y-0.51)^2-0.05),max(|14.3x|,|1.47y|)
-1.1),max(|5.9x-1.4|,|14.5y+9.7|)-1))(max(max(max(|x-0.9|,|y-0.9|)-0.8,x^2+y^2
-2.6),min(|sin500|,|sin500y|)))<0
```

시골 학교의 생기부 관리

2022 농어촌전형 M고 내신 1.17점 서울대 자유전공, 원광대 의대

많이들 일반고에서의 좋은 내신으로 어느 정도 대학에 갈 수 있는 지를 궁금해한다. 어떤 친구들은 지방 고등학교에서 내신이 좋아도 좋은 대학 가기 힘들다고 말씀하시는 어머님들도 있다. 일반적인 지방학교에서는 대학을 지원할 때, 하향으로 지원하는 경우가 많고 심지어 고등학교당 2장씩 있는 서울대 추천서(지역균형선발전형)를 아예 사용하지 않는 경우도 많다.

특히 생활기록부(생기부)에 학생 능력을 보여줄 수 있는 활동 대신 학교에서 하는 일반적인 활동과 칭찬만 기재된 경우가 많은데, 이런 생기부 관리만 조금 신경 써도 입시 결과를 높일 수 있다. 고등학교에서 생기부 잘 챙기고, 내신 관리 잘하면 좋은 대학을 편하게 갈 수 있다.

"윤윤아 2학기 내신 등급 잘 나왔니?"

"하나 2등급 나올 거 같아요. 담임쌤이 1학년 내신 1.16점 정도라고 말씀해주셨어요."

"잘됐네, 기말 끝났으니 1학년 활동한 거 적어오라고 하시지?"

"과목별 담당쌤 중에서 직접 활동한 거 써주신다는 선생님도 계시는데, 1학년 활동한 거 정리해서 제출하라고 하셨어요. 발표할 거 있으면 방학 전까지 준비해서 발표하면 생기부에 적어주신대요."

"활동 부족한 과목 있어?"

"지금까지 수행, 보고서, 발표 다 하고, 1학기 기말 끝나고 활동도 어느 정도 해서 과목별로 2학기에 하나씩만 더하면 좋을 거 같아요."

"일단 주제 몇 개 정해줄 테니까. 방학 시작 전까지 보고서 제출하고, 발표할 수 있는 건 발표하자."

1학기 기말고사 후 2주, 2학기 기말고사를 보고 나면 방학까지 2~3주 정도 수업 시간에 교과 진도 대신 생기부 기록을 위해 내용 정리나 보고서 제출을 준비한다. 활동 내용을 정리하고, 보고서, 발표 내용에 대해 생기부에 들어갈 문구를 어느 정도 준비해서 제출하면 선생님들이 참고해서 생기부에 입력해주신다.

"윤윤아 내용 정리한 것 좀 보자."

국어는 고전에서 의학 관련 용어, 영어는 의학 기사 번역, 과학, 사회 심지어 한국사까지, 모든 과목에서 의학과 연관 지어서 문구를 정리해왔다.

"모든 과목을 이렇게 한 거니?"

"담당쌤들이 진로가 의사니까 연관 지어서 활동 정리하라고 하셔서요."

"각 과목쌤이 윤윤이 생각해서 신경 써주시는데, 이런 식으로 1, 2, 3학년 내용을 다 쓰면 너무 촌스러워져. 활동한 내용을 위주로 쓰는 게 좋을 거 같아."

"학년부장쌤이 전공 적합성이 중요하다고 하셔서서 관련 내용 많이 준비하라고 하셨는데, 의사 관련된 내용 써야 하지 않아요?"

"응, 써야지. 그런데 1학년 내용 통틀어서 몇 개만 써도, 충분히 의사 되고 싶은 거 알 수 있어."

"활동한 거 위주로 다양하게 정리할게요. 다른 건 바꿀 거 있나요?"

"모든 과목에 멘토-멘티 활동과 다른 친구들 잘 챙긴다는 내용이 있는데, 이러면 활동한 거 없이 분량만 채우려는 것처럼 보여, 대학 간 다른 학교 친구들 생기부 좀 보여줄게."

Y고, SS고, HM고, H고를 졸업한 이 지역에서 대학교에 잘 간 친구들의 생기부를 보면 학교마다, 선생님마다 특징이 있지만, 공통적으로는 구체적인 활동 위주로 정리가 되어있다.

"여기 있는 친구들 생기부를 보면 학생 칭찬은 별로 없고, 딱딱한 느낌도 들지만 활동 내용 위주로 쓰였지. 네가 열심히 준비해서 보고서 쓰고 발표한 것들의 과정, 결과 등 활동을 정리하는 게 나중에 대학교에서 너를 평가하는 데 도움을 줄 거야."

"꼭 의학 관련 아니라도 상관없나요? 제가 생명과학 쪽 내용 발표를 많이 했는데, 이쪽으로 하면 되나요?"

"의학 계열이면 윤리, 생명과학, 수학, 영어, 코딩 등 다양하게 하는 게 좋아. 혹시 보고서나 발표할 거 있으면 기초자료는 쌤이 보내줄 테니까 다음 주에 보고서 내고 발표해."

고등학교 과정에서 대학교에서 배우는 것을 하기는 힘들다. 하지만 작은 결과물을 만들 수 있는 활동이나 실험을 한 경험 등으로 교과 과정에서 배우는 것 이상의 학습이나 가능성 있는 방향을 제시하는 건 가능하다.

예를 들면 '크리스퍼 유전자 가위' 기술을 조사하는 경우, 다양한 방향으로 생각을 나타낼 수 있다.

한 가지 주제를 가지고 여러 방향으로 내용을 쓸 수 있는데, 다음은 윤윤이의 사례다. 윤윤이는 보고서 제출 시 아래와 같이 내용 정리를 해서 선생님께 보냈다.

- 크리스퍼 유전자 가위의 작동원리, cass9, 단백질 효소 기능
- 크리스퍼 유전자 가위 기술의 손쉬운 접근이 치료목적이 아닌 미용, 신체 능력 강화에 쓰이는 경우 윤리적, 법적인 제도보완의 필요성
- 동물에 대한 실험에서 어느 정도까지 제한해야 하는지 등

똑같은 활동이라도 생기부에 기록되는 건 차이가 크다. 특히 담당

선생님이 신경 써주시는 정도에 따라 생기부 기록 상황이 결정된다.

지금까지의 입시 경험상 특정한 학과를 제외하고는, 진로 위주로 작성된 생기부보다 고등학교에서 다양한 활동을 한 내용이 정리된 생기부가 입시 결과에 유리하게 작용했다.

고등학교에서 활동 시, 다양한 분야에 관심 가지고 미리 활동을 계획하는 것이 중요하다. 선생님과의 관계도 중요하다. 좋은 인상인 친구들에게 더 신경 써주게 되기 마련이다.

"2학년 때부터 수행이나 학교 활동 있을 때, 주제나 활동 정하는 거 도와줄 테니. 수업할 때 필요하면 얘기해."

윤윤이는 3년 동안 꾸준히 노력해서 내신을 1.17점으로 마무리했다. 생기부를 마감하고, 여름 방학 때 수시 지원 관련해서 학생과 부모님 상담을 진행했다.

"어머님 윤윤이 대학, 어떤 쪽으로 생각하세요?"

"의대 가고 싶어 해서 전부 의대 쓰고 싶어 하는데, 고등학교 학년 부장쌤이 서울대 추천서 써준다고 서울대도 하나 썼으면 좋겠다고 하세요."

"고등학교 입장에서도 서울대 합격자 많으면 좋죠. 만약 서울대 쓴다고 하면 어떤 학과 생각하세요?"

"서울대 공대는 애가 안 갈 거 같아서, 좋은 학과 쓰고 싶은데 어디 써야 할지 모르겠어요."

"어차피 원서는 원서 접수 기간에 본인이 쓰는 거니까 쓰고 싶은 대로 다 쓸 수 있습니다. 전부 의대 써도 되고, 아니면 상황 봐서 서울대 좋은 학과 골라서 써도 됩니다."

"지금 윤윤이가 따로 준비해야 하는 것이 있나요?"

"일단 자기소개서 준비해야 하고요, 아마도 최저 있는 전형이 2~3개 있을 거 같으니 최저도 준비해야죠. 서울대 학교장추천전형 쓰면 과탐 2과목 해야 해서 최저 맞추려면 더 노력해야죠."

"자기소개서는 지금부터 쓰나요?"

"방학 시작부터 쓰면 계속 자기소개서 신경 쓰느라 수능 준비에 소홀할 수 있어서 8월 20일 정도부터 자기소개서 준비시키겠습니다. 자기소개서 써오면 첨삭 바로 하니까 그때 시작해도 충분합니다."

"윤윤아 과탐2 수능 준비한 적 있니?"

"학교 수업 말고 따로 한 적이 없어요. 화학2나 생명2 해야 할 거 같은데, 과탐으론 의대 최저 못 맞출 거 같아서 준비하기 싫은데, 자꾸 학교쌤들이 준비하라고 하세요."

"자유전공학부 같은 경우는 과탐2 안 해도 되는데, 혹시 치대나 약대 쓸 상황이 생기면 필요할 거야. 아니면 농어촌전형은 최저 없으니까 과탐 1~2개 한다고 학년부장쌤에게 말씀드려봐."

"전에 말씀드렸는데 어차피 서울대 최저는 국어, 영어, 수학으로 맞추니까 과탐2 선택만 하고 국·영·수 열심히 하라고 하셨어요."

"올해에 서울대 빼고 국립대는 자기소개서가 없어져서, 윤윤이도 자기소개서 2~3개만 준비하면 될 거 같으니 의대 위주로 쓰고, 서울대는 쓰게 되면 조금 수정해서 준비하자."

9월 초 대학 수시 원서 접수는 보통 5일에 걸쳐서 이루어진다. 원서 접수 첫날부터 접수할 수 있으며, 대학마다 마감일은 다르다. 3일 차에 서울대, 4일 차는 연세대, 고려대, 한양대, 성균관대 등 주요 대학, 5일 차에는 모든 대학의 원서 접수가 마감된다.

서울대는 원서 접수 3일 차에 의대, 치대, 약대, 자유전공학부 중에서만 원서를 쓰기로 했다. 서울대 추천서전형인 지역균형전형과 농어촌전형 중에서 경쟁률 상황을 봐서 결정하기로 했다. 경쟁률을 보여주는 마지막 시간인 3시에 윤윤이가 학원에 왔다.

"오늘 원서 1장 써야지."

"지역균형전형은 전부 경쟁률이 5대1 이상으로 높게 나왔는데, 어떡하죠?"

"경쟁률 5대1 이상인 지역균형전형은 쓰기 어려울 거 같은데, 농어촌전형으로 쓰든지 다른 의대 1장 더 쓰든지 결정해야 할 거 같아. 혹시 학교에 농어촌전형 추천서 3장 중에서 남은 거 있어?"

"농어촌전형 추천서 1장만 받은 거로 알고 있어요. 2장 남았을 거예요."

"그러면 혹시 서울대 쓰는 애 있으면 추천서 넘기고, 농어촌전형 추천서 받으면 좋을 거 같은데."

"친구 중에 서울대 쓰는 애 있는데 1명은 첫날 일반전형으로 썼고, 다른 친구는 농어촌전형 써서, 지역균형전형 추천서는 저밖에 안 받았어요."

"다행이네, 담임쌤이나 학년부장쌤한테 지역균형전형 대신 농어촌전형 추천서 달라고 전화해. 지금 농어촌전형 자유전공학부 경쟁률이 3대1 정도니까 아마 최종은 4대1 근처에서 결정될 거야."

"네, 바로 전화해서 농어촌전형 추천서 달라고 할게요."

원서 접수 3일 차 서울대 농어촌전형으로 자유전공을 지원했고, 4점 중반에서 경쟁률이 결정됐다. 4일 차, 5일 차에 최저 없는 의대 3개, 최저 있는 의대 2개 결정하고, 자기소개서 마무리했다.

12월 초 수시 최종발표 날, 서울대 자유전공학부, 원광대 의대에 붙었고, 의사가 되기로 했다.

고1까지 라이트쎈 풀었어요

2021 일반전형 Y고 내신 1.4점 충북대 의대

가끔 능력에 비해서 공부를 너무 쉽게 한 친구들을 본다. 수학 능력이 부족해서 쉬운 책으로 공부하는 경우도 있지만 뛰어난 능력이 있음에도 주변 친구들과 같이 수업 교재 사용하면서 능력을 키우지 못하는 친구들이다.

우진이는 H고를 졸업하고 해군사관학교에 입학한 녕녕 동생 민지 소개로 고등학교 1학년 2학기 때 학원에 찾아왔다.

"진진이는 나중에 뭐 하고 싶니?"

"의사 되고 싶어요."

"응, 열심히 해야지. 1학기 내신은 어떻게 나왔니?"

"1점 후반 정도 될 거예요."

"수학 모의고사는 얼마나 나와?"

"계속 2등급 나왔어요."

"선행은 어디까지 한 거야?"

"수학(하)까지만 하고 선행은 안 했어요."

"교재는 뭐 썼니?"

"개념쎈이랑 라이트쎈 했어요."

"엥, 라이트쎈? 같이 공부하던 친구 중에 잘하는 애 없었니?"

"네. 특별히 잘하는 애는 없었고, 그냥 진도 나가고 숙제하고 그렇게 했어요."

"일단 기말고사 열심히 준비하고, 끝나고 빡세게 공부하자."

2학기 기말고사가 끝나고, 생기부를 정리한 후 바로 수1 처음부터 시작했다. 가르치다 보니 다른 친구들과 수준이 맞지 않아 혼자 수업해야 했다. 수학에 감각이 있는 친구라 개념원리, 쎈으로 진도를 나가고 블랙라벨 수능 기출문제를 풀면서 3월 말 중간고사 준비 전 수2까지 끝냈다.

"3월 모의고사 1등급 나왔지?"

"네, 2개 틀린 거 같아요."

"잘했어. 혼자 하니까 진도가 빠른데, 할 만하니?"

"생각보다 할 만한 거 같아요."

"진진이 너는 네 생각보다 수학 감각 있어. 잘하는 친구들의 6개월 분량을 3달 반 정도에 나간 거야. 2학년에는 사회 없고, 과학 과목만 있으니까 열심히 해."

"1학년 내신 1.7점 나왔는데 의대 갈 수 있나요?"

"내신 조금 더 올리면 의대 갈 확률이 높아져. 만약 지금 내신으로 의대 가려면 4 합 6 맞춰서 을지대 의대처럼 최저 높은 의대를 갈 수 있어."

"내신 얼마나 올려야 해요?"

"내신 1.4점 정도까지 올리고, 최저 3 합 4 맞추면 충북대 의대나, 전북대 의대, 지방 의대 정도도 가능해."

"충남대 의대 가려면 얼마나 필요해요?"

"충남대는 3 합 4 맞추고 내신 1.2점 정도 필요해. 현실적으로 지금부터 열심히 해서 1.4점까지 맞추는 거로 하자. 1학년 때보다는 열심히 해야 해."

"1.4점 맞추려면 2학년부터 1.1점 정도 맞춰야 하네요."

"1학년 때 열심히 안 했잖아. 2학년 때 최대한 노력해야지."

"2학년 1학기 2등급 1개 나오고 전부 1등급 나왔어요."

"1학년 성적 아쉽긴 하지만 지금 이렇게 하면, 수시로 의대 갈 수 있어. 열심히 해."

진진이는 2학년 1학기 내신 1.1점을 맞추고, 2학년 2학기, 3학년 1학기에도 노력해서 최종내신 1.4점을 만들어 수학 포함 최저 3 합 4 받아 전북대 의대, 충북대 의대 합격하고 충북대 의대에 입학했다.

해군사관학교

2019 H고

시골 학원이 있는 계룡시에는 육해공본부 계룡대가 있어 직업군인을 꿈꾸는 친구들이 많다. 어릴 때부터 부모님을 보면서 군인을 꿈꾸는 친구들이 많고, Y고에선 30명 정도의 친구들이 사관학교 시험에 응시한다.

매년 7월 말, 8월 초 중에 육사, 해사, 공사, 간사 시험이 같은 날, 같은 문제로 시험을 치러진다. 1차 합격하면, 2차 시험으로 체력 검사, 면접을 진행하고 성적이 우수한 경우 우선선발로 최종 합격하는데, 보통은 이후 수능 성적까지 반영해서 합격을 결정한다.

녕녕이는 환환이 어머님 소개로 학원에 왔다.

"녕녕이 진도는 어디까지 나갔니?"
"고1까지만 선행했어요."

"H고는 1학년 때 진도 많이 나가는 거 알고 있지?"

"거기까지는 생각 못 했는데, 진도 빨리 나가야 할 거 같아요."

"그래도 문과라서 수1까지만 하니까 다행이네, 열심히 해."

"네."

"녕녕이는 나중에 뭐 하고 싶어?"

"장래 희망이요? 해군사관학교 가서 장교 되고 싶어요."

"사관학교 준비하면 H고에서 공부하기 좋을 거야. 사관학교면 내신이 필요 없긴 한데 중간고사 기말고사 힘들게 준비하면 사관학교 시험이나 수능 보는 데 유리하니까."

녕녕이는 방학 때마다 학원에 나와서 부족한 진도 채우면서 공부했다.

"확통은 할 만하지?"

"네. 수2보다는 쉬운 거 같아요."

"녕녕아 3학년 1학기 열심히 해서 내신 2점 후반이면 서울대나 한의대 가능할 거 같은데 어떤 거 같아?"

"생각해본 적이 없어서요."

"서울대 붙어도 안 갈 거야?"

"해사 떨어지면 몰라도, 해사 붙으면 가려고요."

"어머님은 서울대, 연·고대 갔으면 좋겠다는 말씀 안 하시니?"

"엄마는 군인 말고도 길이 많다고 다른 대학도 생각해보라고 하시는데, 해군사관학교 말고는 생각 안 해봤어요."

내신은 3점 초반이 나왔고, 해군사관학교 1차, 2차 합격하여 입학했다.

이쪽 지역 어머님들은 아이들이 사관학교 가는 걸 선호한다. 다만 아이 능력이 사관학교 갈 정도나 조금 부족한 경우는 사관학교 입학을 선호하시지만, 성적이 좋아서 서울대나 의대에 갈 성적이 되면 어머님들은 군인 말고 다른 길로 가길 원하는 경우가 많다. 아이들은 어린 시절부터 격려받고 오래된 꿈이라 서울대, 의대에 흔들리지 않고, 사관학교나 경찰대에 입학하려는 하는 경우도 종종 본다.

초등학교 때부터 왔어요

2018 농어촌전형 H고 포항공대

환환이는 충남외고 1회 입학생으로 사관학교까지 입학한 새새 어머님 소개로 초등학교 5학년 때 학원에 찾아왔다. 20분 정도 대화하고 문제를 풀면서 상담을 진행한 후 중1 과정부터의 선행을 시작했다. 원래 시골 수학쌤은 초등학생을 가르치지 않는데, 똑똑해 보여서 수업을 잡았다.

초등학생 때 중1 과정 선행을 시작하여 개념원리, 쎈수학, 최상위 수학으로 1학기당 3개월 정도 잡아서 진행했고, 중학교 입학할 때는 고1 과정 선행을 시작했다. 고등 과정 선행 전에 고1 3월 모의고사가 88~96점이 나오는 것을 확인하고 진행했다.

고1 과정은 정석, 쎈수학, 블랙라벨로 한 학기당 4개월 정도 수업을 하고, 고1 모의고사로 이해도 체크를 하면서 진도를 나갔고, 고2 과정부터는 정석, 쎈, 수능평가원 기출 문제집으로 진도를 나갔다.

중2 1학기에는 사춘기가 왔다. 숙제를 덜 해오거나, 내용이 어려워짐에 따라 고등학교 과정을 지금 할 필요가 있냐고 이야기하고, 자기의 생각을 많이 이야기하는 모습을 보면서 어머님과 상의해서 진도를 잠시 쉬고 수학 산출물대회 준비를 시작했다.

"환환아 이번에 영재원에서 수학 산출물대회 있는데, 고등 진도 잠시 쉬고 대회 준비하자."

"다음 시간부터 정석 안 가져와도 돼요?"

"응 안 가져와도 돼. 노트북만 들고 오면 돼."

"그러면 뭘 준비하는데요?"

"쌤이 예전에 방정식으로 그림 그리는 거 보여준 적 있지. 환환이가 수식으로 그림 그리는 거 배울 거야."

"특별히 따로 배워야 하는 것 있나요?"

"max, min 함수 정석 책에서 본 적 있지? 그거랑 부등식 영역 가지고 그림 그릴 수 있어."

"언제까지 해야 하는 거예요?"

"영재원에 제출은 한 달 반 정도 남았으니까. 4주 정도 산출물 만들고 2주 정도 논문 정리하면 될 거야."

그 기간 환환이랑 은주가 같이 작업했고, 선행 진도를 나가는 스트레스 없이 결과물을 만들어갔다. 엘지 로고, 졸라맨 등 여러 가지 결과물을 만들었고, 영재원 대회에서 대상을 받았다. 상품은 미국 아이비리그 탐방 비용 1/2 지원이었으나, 계획이 변경돼 각 도의 영재원

대상 수상자와 함께 공짜로 홍콩 연수를 다녀왔다.

"환환아, 좀 쉬었으니까 이제 공부해야지."

다행히 사춘기는 일찍 잠잠해졌다. 이후 고등학교 기하를 제외한 수능 준비를 마쳤다.

어머님과 고등학교 선택에 대해서 많은 이야기를 나누었다. 어머님은 환환이가 H고에 진학하길 원하셨다.

"선생님 환환이 수학으로 H고 가서 잘할 수 있을까요?"

"선행 진도 나간 거랑 지금 고3 모의고사 결과로 봐서는 별로 문제 없을 거 같아요."

"환환이가 의대 갔으면 좋겠는데, H고, 가면 도움이 될까요?"

"제 생각에는 서울대 의대나 메이저 의대를 보내고 싶으시면 H고가 좋을 것 같은데요. 집 근처 Y고나 내신 받기 쉬운 고등학교에서도 메이저 의대 제외한 의대나 서울대에 갈 확률은 높습니다."

"지금 상태로 H고, 가면 잘할 수 있을까요?"

"지금은 괜찮은데, 이 상태를 3년간 유지하는 게 힘들어서 Y고나 내신 편한 고등학교 말씀드린 겁니다."

"H고가 몇 년 전에 50명 넘게 의대 보냈다고 들어서요."

"그때는 의대 농어촌전형이 정시에 있어서 환환이처럼 농어촌전형이 되고 수능 잘 보는 친구들이 의대에 많이 갔습니다. 지금은 그때랑 달리 의대는 농어촌전형 수시에 있어서 내신이 중요합니다."

"내신은 얼마나 나와야 하나요?"

"아무리 H고라도 내신 2점대는 나와야 합니다."

"작년에 간 희희는 내신 잘 나오나요?"

"워낙 열심히 공부한 친구라 1학기 때 2점 초반 나왔습니다. 이과 2등 정도 될 겁니다."

"희희랑 비교해서 환환이 어떤가요?"

"일단 수학은 환환이가 좋은데, 노력이나 끈기는 희희가 좋습니다. 내신은 3년 동안 긴 싸움이라 얼마나 노력하고, 꾸준한지가 관건입니다."

"환환이도 희희처럼 꾸준히 해야 할 텐데 얼마 전 사춘기 때처럼 늘어지면 안 되는데요."

환환이는 결국 H고에 입학한 후, 1학년 때 2점 후반 내신을 유지하다 2학년에 잠시 페이스를 놓쳐서 내신 3점 중반으로 마감하고 2018년 수시로 포항공대에 입학했다.

"서울대 왜 가요?"

2020 농어촌전형 G고 내신 1.2점 서울대 자유전공

대학에 대한 학생들의 생각은 정말 다양하다. 서울 지역, 대도시, 지방에 따라서 학생들이 접하는 환경과 정보의 양과 질에 차이가 난다. 지방에선 주변에 교대 나와서 선생님을 하는 사람은 많지만, 서울대 나와서 일하는 사람을 보기는 힘들다. 이런 차이로 인해 서울권 학생들과 지방권 학생들이 원하는 것에도 차이가 나며, 서울 내 대학과 지방 국립대에서 학과의 선호도 차이가 크다.

지방 국립대에선 간호학과, 수학교육, 국어교육과의 입학 성적이 상당히 높다. 특히 충남대 간호학과에 입학하려면 내신 1점 후반은 나와야 하는데, 지역균형전형 추천서를 받아서 서울대에 입학한 친구보다 성적이 높은 경우도 종종 본다. 반면 지방에서 인기 학과가 서울 쪽에선 비인기 학과인 경우가 많으며, 서울 내 간호학과는 서울 친구들보다 지방 학생 비율이 훨씬 높다.

시골 학원 국어 선생님 맑음새쌤에게 수업받던 영영이는 서울대

디자인학과, 홍익대 미대에 가고 싶어 했다. G고 최종 내신이 1.2점 정도라서 실기 없는 수시전형으로 미대를 생각하고, 주변에서 서울대 쓰라는 소리도 많이 들었다.

"쌤, 사람들이 서울대 가라고 하는데, 서울대가 왜 좋아요?"

"일반적으로 한국 사회에서는 서울대를 졸업한 것만으로 높이 평가해주는 경향이 있어. 원하는 일자리를 구하기도 쉽고, 똑같은 일을 하더라도 사람을 더 높게 평가해주기도 해."

"디자인 쪽으로 홍익대나 서울대를 가고 싶은데, 사람들이 다른 학과를 많이 추천해서요."

"일반적으로 성적은 낮은데, 좋은 대학을 가고 싶어서 미술 준비하는 친구들은 많이 보는데, 영영이는 지금 서울대 갈 수 있는데 디자인하려고 홍익대 간다고 하니 주변 사람들이 답답해 보여서 이야기하는 거야."

"서울대 디자인학과는 경쟁률이 너무 높아서 붙기 힘들 거 같아서 다른 학과 써야 할 거 같아요."

"경쟁률 10대1이 넘어가니까. 불안하지! 동양학과 같은 데는 생각 있니?"

"디자인 쪽으로 가고 싶어요."

"서울대 최저 맞출 수 있니?"

"최저 없이 가고 싶어서 서울대 일반전형이나 농어촌전형 자유전공학부 생각하고 있어요."

"자유전공학부는 왜?"

"학과 복수전공 할 수 있다고 해서 미술 전공도 해보려고요."

"서울대 디자인 실기로 가는 확률보다 농어촌전형으로 자유전공학부 가는 확률이 높을 수도 있겠다."

영영이는 본인이 결정하고 지원한, 서울대 자유전공학부, 연세대 실내건축디자인, 홍익대 디자인, 한양대 응용미술학과에 모두 붙었다. 그리고 그중 서울대 자유전공학부에 입학했다.

가끔 서울대 합격할 성적이 되는데, 6장의 수시 원서 중 1장도 서울대에 쓰지 않는 친구들을 종종 본다.

서울대를 안 쓰는 가장 큰 이유로 원하는 학과에 붙기 힘들기 때문이라고 하는데, 지방 학교에선 서울대 지역균형선발전형 추천서를 받고 최저를 맞추면 서울대 합격 확률이 연세대나 고려대 합격 확률보다 높아진다. 특히 학과를 정하지 않고 상황에 맞춰 원서를 쓰면 붙을 확률이 70% 이상인 경우도 많다. 그렇게 지방 고등학교에서 서울대 추천서 2장을 아예 쓰지 않는 경우도 자주 보는데, 안타깝다.

지방 학교에서 내신 높은 친구들이 서울대보다 연세대나 고려대를 가고 싶어 하는 경우도 많은데, 이때 연세대, 고려대에 떨어지면 성균관대, 한양대에 입학하는 경우를 많이 본다.

"서울대가 연세대, 고려대보다 훨씬 좋은 학교야! 그런데 너는 연·고대보다 서울대 붙을 확률이 훨씬 높아. 연·고대 원서 4장 쓰지 말고, 1장 빼서 서울대 쓰는 게 나중에 후회 안 할 거야."

시골 학원에서 원서 쓰는 거 도와주는데, 서울대 쓰기 싫다고 도망가는 경우도 많다. 이런 이야기, 수업할 때도 종종 해주는데, 소용없다. 재작년에도 서울대 쓰기 싫다고 도망간 학생이 있었다. 작년에 재수할 때도 원서 쓰러 왔다가 다시 도망갔다.

내신깡패
2023 종합전형 C고 내신 1.19점 충남대 의대

딸 서진이 초등학교 2학년 때 서진이 학교 선생님이 재재를 학원에 보내셨다. 서진이가 똑똑해 보이고 아빠가 학원을 한다는 걸 아시고 등록한 드문 경우다.

재재는 중2 때부터 학원에서 선행수업을 열심히 했다. 수업과 숙제 분량이 많았지만 밀리지 않고 끝까지 할 정도로 책임감이 강했다. 하지만 자사고나 특목고에 갔을 때 내신 성적 받기는 어려울 거 같아서 어머님께는 내신 받기 편한 학교로 추천드렸다. 근처 내신 받기 좋은 G고도 추천드렸지만 상당히 싫어하셨다. 내년에 아버님이 다른 지역으로 발령받으셔서 그 지역 고등학교를 보신 후 다시 한번 학원에 찾아오셨다.

"충주 시내에 있는 학교는 공부 잘하는 애들이 좀 있는 것 같아요. 근데 집 근처에 C고는 애들이 전부 다 노는 애들이라고 해서 어딜 보낼지 고민이에요."

"혹시 C고 한 학년에 몇 명 정도 되나요?"

"100명도 안 되는 거 같아요, 98명 정도요."

"일단 1학년 때 1등급이 3명 정도 나오고, 시골에서 학교 분위기 안 좋으면 잘하는 애들이 안 가서 내신 받기는 편할 거 같은데요."

"고등학교 평판이 너무 안 좋아서 여기 내신 잘 받아도 좋은 대학 못 갈 거 같아요."

"사립대는 시골 학교 내신이 좋아도 떨어지는 경우 많은데, 서울대 빼고 국립대는 1점 초반 나오면 의대도 갈 수 있습니다."

"여기 고등학교에도 내신 좋은 애들 있는데, 수능 최저 안 쓰고 한양대밖에 못 간다고 해서요."

"한양대 교과전형은 특이하게 내신 숫자만 봐서 시골 학교 1점 초반 애들 많이 갑니다. 그래서 한양대에 시골 친구들이 많습니다."

"서울대나 의대 가려면 내신이 얼마나 나오면 되나요?"

"시골 학교라도 내신 1점 초반이어야 하고, 국립대 최저를 맞추면 의대는 거의 붙을 수 있습니다."

"내신이 아무리 좋아도 수능 최저 못 맞추면 서울대나 의대 못 가죠?"

"이번에 G고에서 서울대 자유전공 붙은 영영이도 농어촌전형으로 서울대 최저 없이 붙었습니다. 농어촌전형 쓰면 최저 없이 쓸 수 있는 의대가 많이 있고 정 안 되면 재수해서 최저 맞추면 됩니다."

"의대 최저는 얼마나 맞춰야 하나요?"

"충남대나 주요 국립대는 3 합 4, 3 합 5 맞추면 되고요. 조금 낮은 데는 3 합 6도 있습니다.”

“막상 여기까지 왔는데 내신 1점 초반도 안 나오면 어떡하죠?”

“1점 초반이면 의대 노리고, 1점 중반이면 치대, 한의대, 약대, 수의대 노리면 됩니다. 1점 중후반 나오면 농어촌전형에 최저 높은 의대나 한의대 노리면 됩니다. 성적별로 갈 수 있는 대학은 많습니다. 1점 초반 내신 나오는 게 가장 힘듭니다.”

“1점 초반 나오려면 거의 모든 과목 1등급 맞아야 하죠?”

“지금 C고 상황이면 1학년 때 모든 과목 3등 안에 들어야 1등급입니다. 2학년 때 문·이과 선택과목으로 인원 갈라지면 과목당 1~2등은 해야 1등급이고요. 아무리 내신 받기 쉬운 고등학교라도 1점 초반 나오기 쉽지 않습니다. 3학년 1학기까지 정말 열심히 해야 합니다.”

재재는 3년 동안 열심히 공부해서 내신 1.19점이 나왔고, 충남대 의대 종합전형 최저를 맞추고 합격했다.

재재가 의대 합격 후 C고에 공부 잘하는 친구들이 몇몇 간다는 이야기를 들었다. 입시 결과가 꾸준히 잘 나오면 조만간 인기 있는 고등학교가 될 수 있다.

시골 학교에 내신 받으려고 오는 친구들도 종종 본다. 상대적으로 능력이 좋은 친구들이지만, 3년 동안 모든 과목에서 등수 싸움을 해야 내신 등급이 잘 나온다. 꾸준히 공부하는 게 제일 힘들다.

내신깡패 기대하고 왔다가 생각보다 내신 때문에 고전하는 친구들을 많이 보는데, 1점 초반이 나오려면 모든 과목, 모든 학기에 열심히 해야 한다.

　어렵지만 한 학기당 쌓이는 내신 1점 과목이, 계속 열심히 할 힘이 된다.

내신산정 특수성

2018 일반전형 G고 내신 2.01점 한서대 항공운항과

　파일럿을 꿈꾸며 공군사관학교, 항공대, 한서대 항공운항과에 가고 싶어 하는 친구들이 많이 있다. 그러나 항공대와 한서대 항공운항과 입시 합격 컷이 내신 1.4점인 것을 보고는 너무 높아서 포기하는 친구도 많이 있다. 실제로 합격하는 친구들 대부분이 일반대학 지원 기준으로 내신 2점 정도가 된다.

　항공대와 한서대는 국어, 영어, 수학, 과학, 사회 각 과목당 등급이 높은 상위 2과목만 내신에 반영한다. 국어는 3학년 동안 5~6과목, 수학은 6~7과목, 영어는 6과목 정도 된다. 그중에서 성적이 좋은 2과목만 반영해서 내신 2점 정도가 되면, 각 과목당 1등급을 1과목 이상 맞기 때문에 항공대나 한서대를 지원하기에 충분하다.

　원원이는 2학년 때 학생회장을 하고, 내신 2점에 성격도 밝아서 선생님들과 관계도 좋고, 생기부 기록 상태도 좋았다. 원서 쓸 때 항공

운항과와 간호학과를 위주로 썼다. 한서대는 일반전형, 지역인재전형을 쓰고 항공대와 중앙대 간호학과 지원했는데 한서대 항공운항과, 중앙대 간호학과에 수시합격 발표 후, 원원이가 찾아왔다.

"쌤, 커피 사 왔어요."

"고마워 잘 먹을게 원원아. 다른 데 더 붙었어?"

"한서대 항공운항(조종)과랑 중앙대 간호학과 붙었어요. 어디 갈지 고민이에요."

"고민되겠다. 쌤은 개인적으로 한서대 항공운항과가 좋을 것 같아. 네 성격이랑 간호사는 안 어울려. 다른 사람들은 뭐래?"

"엄마는 가고 싶은 데 가라고 하고, 친구들은 중앙대 간호학과가 좋다고 이야기해요."

"전망이나 연봉은 파일럿이 좋을 것 같아. 간호학과는 안정적이긴 한데 파일럿 포기하고 가라곤 못 하겠다. 아빠는 뭐라고 하셔? 공군 출신이잖아."

"아빠랑 쌤만 항공운항과 가라고 하세요."

"원원이가 여자 조종사 되는 것도 멋질 거 같아."

막연히 파일럿이 되고 싶은 친구들이 많지만, 현실적으로 비용이 많이 든다. 공군사관학교를 제외하고 다른 대학들은 비행교육 시간을 채워야 면허를 딸 수 있으며, 4년 동안 비행시간에 따라서 1~2억 정도 비용이 필요하다. 비용 부담이 커서 항공운항과에 가는 경우 대부분 공군 장학생을 지원한다. 선발되면 비행교육에 필요한 모든 비용을 공군에서 부담해주는데, 대부분 10년가량 의무복무를 한다.

공군사관학교 1차 시험은 국어, 영어, 수학 3과목 총점 300점의 시험을 치른 뒤 신체검사, 체력검사, 면접으로 합격자를 선발한다. 파일럿 특성상 연봉도 높고, 군에서 전역해도 기장으로 항공사에 바로 취업이 가능해서 합격이 어렵지만, 인기가 높다. 합격하지 못하는 경우를 대비해서 내신 성적이 좋은 경우는 세종대에 항공시스템공학과도 추천한다. 공군사관학교 위탁이지만 특이하게 대학을 다니는 동안 군사훈련이 없고, 졸업 후에 공군에서 비행교육을 받기 때문에 비용 걱정이 없다. 4년 동안의 등록금 기숙사비도 공사에서 지원한다. 세종대 항공시스템공학과는 수시전형 수능 최저 3과목 3등급만 맞추면 돼서, 공군사관학교에 들어가기 어려운 경우 좋은 대안이 될 수 있다.

원원이는 이번에 졸업하고 우리나라 항공사와 외국 항공사에 취업하길 원해 항공사 취업 시즌을 기다리고 있다.

차마 재수하라고 말 못 한 친구

2020 농어촌전형 Y고 내신 1.4점 고려대 생명과학과

일반적으로 내신이 1점 중반 정도 나오는 이과생 중에서 의대나 생명공학 진로를 희망하는 친구가 많다. 의대를 지망하는 경우는 고3 때 합격하지 못하는 경우, 학생 본인의 의지가 있으면 재수를 권한다. 내신 1점 중반 정도면 재수할 때, 정시 의대 재수와 다르게 수시 때 최저 재수를 할 수 있다. 특히 일반전형뿐만 아니라 지역인재전형, 농어촌전형을 쓸 수 있는 경우 수시에서 3 합 4, 3 합 5, 3 합 6 최저만 충족한다면, 경쟁률 보고 쓰면 합격 가능한 의대 전형이 적지 않다.

시골 학원에서 의대 합격하는 데 가장 중요한 것은 수능 최저를 맞추는 거다. 시골고등학교에서는 1점대 초중반 맞추는 게 대도시에 비해서 어렵지 않다.

호호는 학원에서 국어 수업을 듣다가 2학년 겨울방학에 기하벡터 수업을 시작했다.

공부량이 많은 친구라 혼자 수업했다. 마지막 타임에 수업을 배정해서 일반 수업보다 훨씬 많이 하고, 진도도 상당히 빨랐다. 겨울방학 동안 기하벡터와 미적분 진도도 나가고 수능 킬러, 준킬러 많이 준비해서 2학년 1학기 이후에는 처음으로 수학 1등급이 나왔다. 호호가 다니는 고등학교는 그해에 특이하게 고3 1학기에 수학 과목이 미적분, 확률과 통계, 기하벡터 3과목이었다. 과목 수가 많은 만큼 열심히 공부했고 수업 시간에 올 때마다 너무 힘들다고 이야기했다.

"호호야 힘들어 보인다. 잠은 좀 자니?"
"할 게 너무 많아서 힘들어요. 시험 빨리 끝났으면 좋겠어요."
"조금만 버텨. 이제 3학년 1학기 내신 끝나고 생기부 준비할 때는 조금 나아질 거야."

책임감이 강해서 해야 할 일이 보이면 정말 열심히 하는 친구였다. 1학기 내신을 마무리하고 방학 전까지 생기부 기록 사항을 챙긴 뒤 수능 최저 준비를 시작했다.

"쌤 생기부 마무리 지었어요. 자기소개서 언제 써요?"
"호호 성격상 시작하면 끝을 보는 성격이라 자기소개서는 방학 끝날 때부터 하는 게 좋을 거 같아. 지금 시작해도 어차피 자기소개서 마감할 때까지 신경 쓸 거잖아. 지금은 수능 준비하자."

그렇게 여름방학이 끝나갈 때쯤 자기소개서를 시작했고, 여러 번

고쳐가며 마무리했다. 대학교를 결정하려 수업 시간에 많은 이야기를
했고, 어머님 또한 아이가 원하는 대로 해달라고 하셨다.

"호호야 서울대 추천서 받을 수 있니?"

"서울대 추천서는 받을 수 있는데, 한 과목 과탐2 선택하고, 3과목
이 2등급 이내(2020, 서울대 지역균형전형 수능 최저)라서 과탐2 선택하
면 최저에서 과탐 포기할까 봐 걱정이에요."

"농어촌전형에선 최저 없으니까 상황 봐서 서울대 농어촌전형 추
천서 받아봐."

"농어촌전형이 좋을 거 같아요. 과는 상황 봐서 쓰는 거죠?"

"서울대는 농어촌전형 경쟁률 보고 결정하고, 고려대, 한양대는 생
명공학 나머지는 의대 생각하는 거지?"

"의대는 최저 맞춰야 하죠?"

"상황 봐야 하는데, 내신 1.4점 정도면 충남대는 어렵고, 최저 3 합
4 맞추면 건양대나 충북대 의대, 3 합 6 맞추면 원광대 의대 정도가
괜찮을 거 같아. 을지대는 최저가 너무 어렵다."

"최저 없는 의대는 힘들겠죠?"

"최저 없는 의대 쓰고 싶으면 원광대 일반 3 합 6이랑 최저 없는 농
어촌전형 같이 쓰는 게 좋을 거 같아. 혹시 최저 못 맞추는 경우도 있
으니까."

"원광대는 엄마가 붙어도 별로 보내고 싶지 않다고 하시던데."

"어머님 교회 자주 다니시지? 원불교 재단이긴 하지만 어차피 의사
는 자격증 직업이라 의대는 상관없어."

대학은 의대 3곳이랑 서울대, 고려대, 한양대 3곳을 쓰기로 했다. 서울대 농어촌전형과 한양대는 최저가 없고, 의대의 경우도 될 수 있으면 1곳 정도는 최저 없는 곳으로 쓰기로 했다.

　수시 원서 접수 3일 차에 서울대 원서 접수가 마감한다. 3시까지 경쟁률을 보고 농어촌전형에서 학과를 고르는데, 수의예과 경쟁률이 낮은 상태라서 호호에게 권했다.

　"서울대 수의예과 지금 경쟁률이 3 정도 되는데, 작년에 합격자 성적이랑 비교해도 확률이 높을 거 같아. 여기 쓰는 거 어때?"

　"수의예과 가면 동물실험 해야죠?"

　"응 아마도 그럴 거야."

　"수의예과는 좀 피하고 싶어요. 수의예과는 좋은데 동물실험이나 실습은 못 할 거 같아요."

　"동물 많이 좋아하니?"

　"집에서 강아지 키워서, 대학, 대학원 가서 공부하고, 연구하면 실험 실습 과정이 힘들 거 같아서요."

　"생명공학과 쪽이랑 가장 가까운 게 수의예과 쪽이고 지금 경쟁률이 낮아서 붙을 확률이 높아."

　"다른 학과는 없나요? 생명 쪽 어려우면 농생명계열은 어때요?"

　"지금 경쟁률이 7대1 정도인데 여기는 1차 붙는다는 보장은 없어. 아니면 지금 상황에선 자유전공밖에 없어."

　"자유전공 써도 되나요?"

　"지금 경쟁률 3대1 안쪽이면 접수 마감해도 1차는 붙을 거 같아."

면접이 문제고 입결 성적이 원래 높은 학과라서 붙을 확률은 잘 모르
겠다."

"쌤, 수의예과는 최종 붙을 확률이 높은가요?"

"일단 생기부가 이쪽이라서 붙을 확률은 높을 거 같아. 1차는 거의
합격하고, 입학하는 입시 결과도 어느 정도 호호 성적에 나쁘지 않아.
자유전공은 1차는 통과할 거 같아."

"1차 통과하면 면접하러 가서 잘하면 되지 않을까요?"

"서울대는 면접이 제일 중요하긴 하지."

"그럼 자유전공 쓸게요. 다른 학과는 1명씩 뽑는데, 3명 뽑으니까
좋을 거 같아요."

서울대 농어촌 자유전공 3명 모집에 10명 지원했다. 상당히 낮은
경쟁률로 끝이 났다. 경쟁률이 낮아서 기분 좋게 집으로 돌아갔고, 다
음 날 고려대, 한양대 원서를 쓰러 학원에 왔다.

"쌤, 한양대는 경쟁률이 20대1 정도 되는데 이거 써도 되나요?"

"한양대 종합은 기본 경쟁률이 높게 나와. 특히 생명공학은 인기학
과라서 원래 이 정도야."

"교과는 어떤 사람들 올지 몰라서 쓰기 무서운데, 종합전형도 경쟁
률이 너무 높아서 무서워요."

"지금 고른기회전형 쓰면 될 거 같아. 지금 17대1 정도인데, 호호
는 성적이 높은 편이라서 붙을 확률 높은 편이야."

"어제랑 너무 달라서 정말 무서워요."

"쌤이 예전에 서울대가 연·고대, 서·성·한보다 붙을 확률이 높은 경우 많다고 한 거 이제 실감 나지?"

"고려대도 지금 써야죠?"

"고려대도 경쟁률 지금 5대1 정도면 좋은 거 같아. 고른기회전형을 농어촌으로 해서 생명과학 쪽 쓰자. 여기는 최저 3 합 6 맞추면 거의 합격할 거야."

"고려대는 최저 맞추면 합격하나요?"

"아마도 지원자 중에서 호호 성적이 중간에서 앞쪽이고, 최저 맞추는 비율이 3분의 1 정도밖에 안 돼서 최초합이나 빠른 예비 나올 거야."

"붙었으면 좋겠어요."

"열심히 공부해서 최저 맞추면 될 거야."

의예과 3장은 원래 건양대와 원광대 일반전형 1장씩, 원광대 농어촌전형 1장을 생각하고 있었다. 그런데 호호와 이야기 중에 어머님께서 원광대는 별로 보내고 싶지 않아 한다는 이야기를 몇 차례 들었다.

"지금 최저 고려대 1장 있고 의대 쓰려면 2장 정도 최저 넣으려고 하는데 건양대는 3 합 4(수학 필수 ×, 과탐 절사)로 다른 의대랑 달리 최저가 높긴 한데, 꼭 수학이 필요한 게 아니라 1장 쓰고, 최저 없는 원광대 농어촌전형 의예 경쟁률도 아직까지는 낮으니 1장으로 생각하고 내일 쓰자."

"원광대 의예 일반도 써야 하나요? 지금 경쟁률이 많이 높은데."

의대는 최저 없는 경희대 의예, 원광대 농어촌전형 의예, 건양대 의예 최저 3 합 4.5에 지원했다.

호호는 수능을 마치고 고려대, 서울대, 건양대, 원광대 1차에 붙어 면접을 다녀왔다. 수능 성적 발표 날, 고려대 농어촌전형 생명공학과 최저는 맞췄지만, 건양대 의대 최저는 맞추지 못했다.

수시 발표일에 한양대 합격, 고려대 예비 1번, 서울대 불합, 원광대 예비 번호를 받았다. 최종적으로 고려대 생명에 입학했다.

이후 고등학교 졸업식쯤에 나를 찾아왔다.

"쌤, 저 고려대 생명공학과면 괜찮아요?"

"고려대 생명공학과면 훌륭하지. 괜찮은 거 같아."

합격한 기쁨 누리고 있는 모습을 보고 차마 재수하란 말은 하지 못했다. 학생도 아쉬웠겠지만, 어머님도 많이 아쉬우셨는지 주변에 많은 이야기를 하셨다고 전해 들었다. 이후에 동생이 학원을 그만둔다고 연락하셨을 때 호호 이야기를 말씀드렸다.

"호호 대학교 입학할 때까지, 너무 좋아해서 말씀드리지 못하고 대학교 중간고사 끝나면 말씀드리려고 했는데 혹시 호호 의대 재수 어떻게 생각하세요?"

"잘되면 좋죠. 수시로 최저 맞추면 붙을 수 있나요?"

"지금 내신 1.4점 정도에 최저 맞추면, 의대 원서 6장 쓰면 붙을 확률이 높습니다.”

“아이한테 말씀해보셨나요?”

“몇 달 전 원서 쓸 때 다 떨어지면, 지금 내신 가지고 최저 재수하는 거 말하긴 했는데, 대학교 붙고 나서는 말한 적 없습니다.”

어머님께서 아이에게 재수에 대해 이야기했지만, 정색하면서 싫어했다는 말을 전해 들었고 연락 한번 해보란 말을 들었지만 연락하진 않았다.

내신이 1점 초중반인 친구들이 의대에 뜻이 있는 경우, 재수를 권한다. 일반적인 정시재수는 모든 과목을 만점에 가까운 점수를 받아야 하지만 내신이 좋은 친구는 최저재수를 하기 때문에 재수를 해도 합격할 확률이 높다. 1점 초중반인 경우 6장을 경쟁률 보고 지원하면 내신 3 합 4, 3 합 5, 3 합 6으로 붙을 만한 대학이 많다. 특히 농어촌 전형의 경우는 최저를 맞추면 2점대 친구들도 합격하는 경우가 있다.

특수대학 IST 대학

2022 농어촌전형 S고 내신 4.2점 GIST

우리나라 특수대학은 카이스트(KAIST), GIST, DGIST, UNIST, 경찰대, 사관학교가 있다. 일반적으로는 수시 원서 접수 시 6회의 제한이 있는데, 특수대학은 이 제한에 해당하지 않는다. 일반대학 수시 원서 6장을 지원하고, IST 계열 원서를 추가 4장 더 접수할 수 있다.

카이스트는 스카이, IST 계열은 인서울의 주요 대학에 견줄 수 있어서 주요 대학을 지원하고, 추가로 지원하는 경우가 많다.

특수대학에도 여러 전형이 있다. 일반전형, 고른기회전형, 농어촌전형이 있는데, 2022학년도까지 GIST는 고른기회전형이 농어촌 학생 위주였는데, 2023학년도부터 고른기회전형에 군자녀도 추가됐다.

2022학년도까지는 농어촌전형이 되는 친구들이 낮은 내신 성적으로 합격하는 경우 많이 봤다. 일반전형과 경쟁률 차이가 별로 나지 않은 경우, 고른기회전형으로 지원하는 경우 합격 확률이 높았다.

S고 다니던 현현이는 내신 성적이 4점 초반대로 좋지 않았다. 인서울 주요 대학을 목표로 하고 수시에 주요 대학에 원서 쓰고, GIST를 지원했다.

IST 계열은 자기소개서 질문 문항이 달라서 준비하는 친구들이 많지 않아 경쟁률이 다소 낮은 편이었다. 고른기회전형 농어촌 자격으로 지원하고 합격했다.

원래 합격선보다 아주 낮은 성적으로 합격해서인지 2023학년도에는 많은 친구가 IST 계열에 지원했다. 특히 고른기회전형에 군자녀도 지원할 수 있어서 시골 학원 주변의 친구들이 많이 지원했고, 체감상 합격 컷도 높아진 거 같다. 전년도 합격 컷이 높으면 다음 해에 지원자가 줄어들고, 전년도 합격 컷이 낮으면 다음 해에 지원자가 몰리는 현상은 일반대학과 다를 바 없다.

농어촌전형이 좋은 이유는 수시 지원 시 선택권이 1개 더 있기 때문이다. 경쟁률이 상대적으로 낮은 과를 찾을 확률이 높고, 경쟁 상대가 같은 농어촌 지역 학생으로 주요 대학에 지원할·때, 명문고 학생과의 경쟁을 피할 수 있다. 다만 모집인원이 1~2명 정도로 적어서 성적이 높은 친구들이 지원을 꺼리기도 하지만 상향으로 원서 쓰는 경우, 아주 좋은 기회가 된다.

사관학교 입시(특수대학)

　사관학교는 국어, 영어, 수학 3과목 300점 만점으로 1차 합격자를 선발하고, 신체검사와 면접을 거쳐서 우선 선발을 하고, 종합점수와 수능 성적으로 나머지 사관생도를 선발한다.

　사관학교는 입시전형이 특히 복잡하다. 일반대학은 전형별로 학생을 선발하지만, 사관학교는 일반전형, 추천전형, 고른기회전형이 있고, 문과와 이과, 남학생과 여학생으로 나누어 선발하기 때문에 어떤 전형으로 지원하는지에 따라서 합격 컷이 다르게 나타난다.

　2023학년도에 시골 학원에서 4명이 사관학교 1차 시험에 합격했다. 2023학년도는 이전보다 합격 컷이 많이 낮아졌다. 원래 200점 중반에서 합격자가 나오던 것과 달리 100점 후반대의 합격자가 나왔기 때문이다.

　남학생과 여학생은 여학생의 합격 컷이 20점 정도 높았고, 전형별로도 20점 정도 차이가 났다. 특히 이과가 문과보다 20점 정도 합격 컷이 높았다. 전형에 따라 이과 여학생의 합격 컷이 문과 남학생의 합격 컷과 50점 이상 차이 나는 경우도 있었다.

시골 학원에서 사관학교를 지원하는 경우에 문과로 지원하라고 이야기를 자주 한다. 문과생의 모집인원이 이과생 모집인원보다 많아, 이과생의 경우 문과로 지원하고 수학 선택과목을 확률과 통계, 기하로 응시하는 경우 1차 합격에 유리할 수 있다.

시대에 따라서 사관학교의 선호도가 많이 변한다. 군인이라는 직업적 특성상 이동이 많고, 힘들다는 인식이 있지만, 20년 이상 군 생활을 하면 군인연금으로 안정적인 생활을 누릴 수 있다. 몇 해 전 〈태양의 후예〉 드라마 방영 후 사관학교 경쟁률이 많이 높아진 적이 있다. 요즘은 초급간부의 경우 월급이 적다는 뉴스가 나오고 있으며, 선호도가 예전처럼 높진 않다.

시골 학원이 있는 지역에서는 군인 가족 비율이 상당히 높다. 이 지역의 사관학교 지원자 수는 다른 지역보다 훨씬 높다. 여기선 학생들이 군인을 직업으로 인식하지만, 일반적인 지역에서는 직업으로 인식하지 못해 지원자 수가 많이 차이 난다.

Chapter. 2

시골 학교 내신 1점대,
최저 맞추면
스카이, 의치한수
못 맞추면
서·성·한, 중·경·외·시

내신 1점 초중반 친구들은 최저만 맞추면 서울대 의치한수에 합격이 가능하다. 의치한 최저 3 합 4, 5, 6, 수의대, 약대는 3 합 5, 6, 7 정도가 필요하다.

아직 최저로 떨어져 본 적이 없어서, 수능을 본 적이 없어서 고3 때는 최저를 높게 잡는 경우가 많다. 하지만 실제로 고3 때 모의고사 성적보다 수능 성적이 높게 나오는 경우는 보기 힘들다.

고1부터 고3 6월 모의평가까지 나오던 성적이 학생 본인의 능력이라고 생각하면 된다. 평상시처럼 공부해서는 성적이 오르지 않는다. 국영수탐 4개 영역에서 한두 과목 등급만 올리면 돼서 간단하다고 생각하는 친구가 많은데, 그게 생각보다 훨씬 어렵다. 특히 현재 등급이 높을수록 등급 1점 올리는 게 더 어렵다.

수능 성적이 오르려면 수능이 가까워진 3개월 동안 엄청난 집중력으로 공부해야 한다. 확실히 공부하는 게 힘들고, 다시는 공부하고 싶지 않다고 생각할 정도 열심히 해야 성적이 오른다. 모의고사 3 합 7인 친구가 최저 3 합 6을 충족할 확률은 체감상 20% 정도 되는 것 같다. 하지만 의치한수 가고 싶은 경우는 선택권이 없어서 높은 최저를 쓴다. 내신이 좋은 경우 고3 때 최저를 못 맞춰도 재수학원에서 최저를 준비하면 된다. 재수하는 만큼 열심히 해야 하지만, 재학생 때부터 재수하는 동안에 3 합 6을 못 맞추는 친구가 많다.

3 합 6 이상 의대 최저를 준비하는 경우, 정시로 의대 가려는 친구처럼 열심히 해야 한다. 정시 의대는 수능 최저랑 비교가 안 되지만 그 정도로 열심히 해야 좋은 결과가 나온다.

내신 1점 초반 성적으로 한양대 다니는 시골 친구도 많다. 강남이나 대도시 친구들은 내신 1점 초반이면 최저만 맞춰서 의대 갈 수 있는 성적인데 한양대에 입학하는 걸 이해 못 한다. 시골 학교에선 내신이 좋은 친구들도 3 합 6 최저 맞추는 걸 힘들어하기 때문이다.

시골 학교, 내신 1점 초반
'최저 맞추면 서울대 의치한수, 못 맞추면 한양대'

최저 못 맞췄어요

J고 2018 일반전형 1.6점 한국외대, Y고 2020 농어촌전형 1.8점 한국외대

각 대학은 입학생의 수준을 일정 정도 유지하기 위해 수능 최저를 적용한다. 예전에는 많은 대학에서 수능 최저를 요구했지만, 현재는 많은 학교에서 수능 최저를 없애거나 완화하는 추세다. 서울대 지역 균형전형은 예전에 3과목 2등급 이내에서 2023학년도에 3 합 7로 기준이 완화됐다. 연세대는 최저 맞추는 전형이 많이 줄었고, 고려대 는 최저 기준을 유지하지만, 예전에 농어촌전형 수능 최저 3 합 6에 서 현재는 농어촌전형의 최저를 없앴다. 시골 학원 다니는 친구 중에 내신이 잘 나왔지만, 수능 최저를 못 맞춰서 스카이 떨어지는 경우를 종종 본다.

시골 학교에서 스카이는 내신 1점대 중후반까지 지원한다. 내신이 1점 초중반인 경우 최저 없이 지원하지만, 1점 중후반이 되면 최저가 있는 서울대나 고려대에 많이 지원한다.

시골 학원에서는 원서 쓸 때 대학교 지원자 중 스카이 최저 맞추는 비율을 학과에 따라 20~35% 정도로 예상하고 쓰는데, 학원 다니는 친구들은 수능 최저 못 맞추는 경우를 생각해서 2~3장만 최저 있는 전형에 지원하고 나머지는 최저 없는 전형에 지원한다. 고3은 재수생과 달리 내신과 생기부 정리, 학교 활동 때문에 수능 준비 기간이 짧고, 6월과 9월에 재수생이 들어오면 상위권의 등급 변화가 심해서 수능 등급이 3월, 6월 모의고사에 비해서 떨어지는 경우가 많다. 서울대, 고려대 최저를 생각하는 경우 3 합 5, 6을 기준으로 수능 준비한다.

J고 다니던 담담이는 평소 모의고사에서 3 합 4, 3 합 5 맞추던 친구였다(2018).

"담담아 공부하느라 수고했어. 잘 놀고 있어?"

"애들이랑 잘 놀고 있어요, 수능 최저 걸린 거 있어서 성적표 나와 봐야 맘 편히 놀 거 같아요."

"등급 어떻게 나왔는데?"

"수학 83점 맞았어요. 2등급 맞춰야 하는데 입시업체마다 2등급인 데도, 3등급인 데도 있어서 기다리고 있어요."

"83점? 무슨 짓을 한 거야? 4점짜리 2개, 3점짜리 3개 틀린 건가?"

"30번도 풀어서 맞혔는데, 8, 24번을 틀려서 점수가 못 나왔어요."

"그래도 수능 끝났으니 맘 불편해도 그냥 놀아, 수고했어."

"애들이랑 자주 놀러 올게요. 결과 나오면 학원 올게요."

"환환이, 재학이, 준서랑 규정이 다 이 동네 있으니까 잘 놀아."

결국 담담이는 연세대와 고려대 최저를 맞추지 못했고, 한국외대 스페인어과(2018)에 입학했다.

2년 뒤에 은은이도 고려대 수능 최저를 1등급 차이로 맞추지 못해 똑같이 한국외대 스페인어과(2020)에 입학했다.

경영학과 원서 쓰다 도망갔어요

2020 농어촌전형 G고 내신 1.3점 이화여대 경영학과

우리나라는 의대를 제외하면 서울대와 연세대, 고려대 그리고 성균관대, 한양대, 서강대로 학교 서열이 정해져 있다. 일반 상식으로 서울대는 연세대와 고려대보다 합격하기 어렵다. 하지만 사실 대학별로 학생을 선발하는 기준이 달라서 이렇게 말하기 어렵다. 일반적으로 대도시의 경우, 서울대가 연세대, 고려대보다 입학하기 힘들다. 서울대보다 연세대와 고려대를 합친 대학 정원이 훨씬 많기 때문이다.

하지만 시골 학원이 있는 지역에서 일반전형이나 농어촌전형으로 수시 지원하는 경우 서울대나 의대 합격자가 연세대, 고려대 합격자보다 많다. 특히 최저를 준비해야 하는 고려대는 합격자가 있지만, 연세대 합격자는 찾아보기 힘들다.

연세대의 경우 개인적으로 수능 최저가 없어서, 출신고등학교를 보는 게 아닐까 싶다. 최저 있는 고려대는 수능 최저를 기준으로 잡기에 출신고등학교에 대한 차별이 적은 것 같다.

시골 학교 이과의 경우 서울대 지역균형전형으로 경쟁률 2대1 이내로 수시 원서를 쓸 수 있고 최저를 맞추면 합격 확률도 상당하다.

특히 서울 지역은 학교장추천서 경쟁이 치열하지만, 시골 학교는 최저를 못 맞춰서 추천서 2장을 다 안 쓰는 곳도 많아 최저를 맞출 것 같으면 내신이 안 좋아도 추천서 주는 경우도 많이 본다.

지지는 중학교 때부터 학원에 다녔고, 열심히 공부하는 학생이었다. 중3 때 고등학교 진학을 고민하다 G고에 입학했다. 다행히 같은 학년에 공부를 잘하는 친구가 1명밖에 없어서 내신 1.3점대로 3학년 1학기 내신을 마감했다. 7월 초 생기부를 마무리하고 자기소개서 준비와 희망 대학 때문에 상담했다.

"지지야 대학교 어디 가고 싶어?"

"연세대 경영학과 가고 싶어요"

"서울대나 고려대는?"

"서울대 경영은 힘들 거 같고, 고려대 경영은 최저 있어서 안 될 거 같아요."

"일단 최저 없는 전형으로 쓸 생각이지?"

"최저 없는 교과전형 쓰고 싶어요."

"농어촌전형도 좋을 거 같은데."

"농어촌전형은 모집인원이 적어서 붙기 힘들 거 같아요."

"내신 성적 잘 나와서 스카이는 편하게 갈 수 있는데 경영학과는 힘들 거 같아. 경영학과 말고 다른 학과 쓰면 편하게 서울대, 연세대 갈 수 있어."

"다른 학과는 재미없을 거 같은데 경영학과만 가고 싶어요."

"일단 성적 좋으니까, 경영학과를 기준으로 자기소개서 다음 주 월요일까지 써와."

1주일 뒤 자기소개서를 가져왔다. 1, 2, 3번 중에서 쓸 만한 소재가 없다고 조금씩만 써왔다. 생기부에서 소재를 찾다 창조 수준의 첨삭을 진행했다. 1, 2, 3번을 마무리하고, 자기소개서 4번 공부하고 싶은 분야, 진로에 관한 글을 다음 주까지 써오라 하며 돌려보냈다.

"지지야 경영학과 4번 소재로 화장품 관련 마케팅 쪽으로 쓰기는 범위가 너무 좁아. 다른 소재나 방향을 잡아야 할 것 같은데."

"경영학과 쪽은 잘 몰라서요, 소재도 잘 모르겠어요."

"지지 수능 준비 안 해도 되니까 다른 소재 찾아보고 써와. 한 달 정도 남아서 시간은 충분해."

"자기소개서 쓰는 거 너무 힘든데, 면접전형은 어떤가요?"

"지지야 자기소개서는 문항이 정해져 있고 미리 완벽히 준비하는 게 가능해. 면접전형은 일단 경쟁률도 높고 어떤 질문, 상황이 나올지 예측하기 힘들어서 준비하는 게 자기소개서보다 어려워."

"대전에 학원에 물어봤는데, 면접 준비 어렵지 않고 지금부터 한 달이면 충분히 가능하다고 해서요."

"자기소개서 1, 2, 3번 소재 쌤이랑 찾아서 거의 다 준비했잖아. 면접은 면접장 가서 순발력 있게 대답해야 하는데 지지는 연세대, 고려대 가서 잘한다는 보장이 없잖아. 자기소개서 있는 전형은 면접 질문도 자기소개서에서 나올 확률이 높아서 자기소개서 있는 전형이 유리해."

"자기소개서 쓰는 게 너무 힘들어요. 지금 잘하고 있는 건지도 모르겠고요."

"우리 학원 다니던 서울대, 연세대, 고려대, 의대 갔던 네 선배들도 자기소개서 준비해서 경쟁률에 맞게 원서 써서 많이 갔어. 지금 형지도 자기소개서 쓰는 거 힘들다고 하면서 준비하고 있어."

"자기소개서 3번까지 필요한 전형만 쓰고 4번 있는 전형은 안 쓰면 안 될까요?"

"서울대, 연세대, 고려대 전부 4번이 필요해. 연세대 면접전형만 자기소개서 필요 없는데, 결국 좋은 대학은 다 4번을 써야 해. 한양대는 자기소개서가 아예 필요 없는데 한양대 교과전형 경영은 내신 1.2점 정도에서 합격자가 결정돼서 힘들어."

"꼭 4번까지 써야 하나요?"

"응, 필수야. 지지가 경영학과 생각하는데 스카이 경영학과는 지지 1.3점대로 1차 통과하는 것도 힘들 수 있어. 특히 시골 학교 출신은 연세대, 고려대보다 서울대 합격 확률이 높은 것도 사실이야. 여기 선배 중에 서울대 합격하고 연세대, 고려대 떨어진 애들 많아."

"연세대가 서울대보다 합격하기 쉽지 않아요?"

"문 앞에 졸업한 선배 명단 중에 서울대 지역균형이나 농어촌전형으로 붙은 애들은 많은데 연세대 붙은 애들은 별로 없어."

"네, 자기소개서 써볼게요."

"주말까지 써서 와."

지지는 주말에 갈 곳이 있다고 안 오고 그다음 주 월요일에 자기소개서를 가져왔다. 전주보다는 나아졌지만, 부족한 부분이 많다. 내신이 좋은 친구라서 학교 선생님들과 상담하면서 준비해왔다. 첨삭할 부분을 정리하고, 대학 학과 전형 관련해서 이야기를 나눴다.

"지지야 가고 싶은 대학 학과 정해야 할 것 같아서. 어디 쓰고 싶어?"
"연세대 경영학과 가고 싶어요. 여기 2장 쓰고 싶어요."
"다른 대학은 어디 생각하니?"
"한양대, 성균관대랑 이화여대, 경희대 경영학과 쓰고 싶어요."
"고려대는 최저 있으니까 제외하고, 이화여대나 경희대 가도 괜찮겠어?"
"재수하고 싶지 않아서요, 이화여대나 경희대는 안정으로 붙을 거 같아요."
"일단 쌤 생각에 연세대 경영학과는 조금 힘들어서 경쟁률 상황 보고 썼으면 좋겠다. 그리고 경쟁률 너무 높으면 다른 과 써야 할 거 같은데, 정치외교나 사회대 중에서 고르면 될 거 같아. 그리고 서울대 농어촌전형으로 내신 1.3점이면 써볼 만한 학과 많아서 연세대 2장 힘들면 1장 서울대 썼으면 좋겠다."
"다른 학과는 생각해본 적 없어요. 자기소개서도 다시 써야 하고요."

"자기소개서는 4번만 조금 수정하고 앞에 문항은 조금씩만 다듬으면 돼. 서울대는 4번이 서평 쓰는 거라 쌤이 많이 도와줄 수 있어."

"경영학과 아니면 대학 다니면서 재미없을 것 같아요."

"서울대 자유전공이랑 연세대 경영학과 동시에 붙으면 어디 갈래?"

"연세대 경영학과 갈 거 같아요."

"서울대 인문학부랑 한양대 경영학과에 붙으면?"

"서울대 인문학부 붙기 어렵지 않나요?"

"내신 1.3점 정도로 서울대 농어촌전형으로 경쟁률 4대1 정도 나오는 상황이면 연세대 경영학과, 한양대 경영학과보다 붙을 확률이 높을 수도 있어. 연세대는 시골 고등학교 별로 안 좋아하고, 한양대 경영학과는 내신 좋은 친구들이 모두 다 안정으로 쓰는 학교라 붙는다는 보장 없어."

"서울대 붙기 힘들 거 같아요. 연세대 경영학과 쓰고 싶어요."

지지는 이후 학원에 오지 않았다. 원서 접수 2주 남기고 컨설팅 업체 찾아다니며, 학교에서 원서를 썼다. 이후 학원에 다니던 동생도 나오지 않았다.

결과적으로 지지는 연세대, 한양대, 이화여대, 경희대 경영학과에 원서 썼고, 이화여대, 경희대에 합격했다.

같은 학교 다니던 친구는 서울대 자유전공학부, 다른 학교 친구는 서울대 의예과에 합격했다.

학과를 고집하는 경우, 대학교 등급이 낮아질 수밖에 없다. 학생들과 이야기하다 보면 희망학과에 가지 못하면 대학교에 갈 의미가 없다고 생각하는 친구들을 종종 본다. 대학교, 학과 선택은 All or Nothing이 아니라 조금씩 나아지는 선택의 과정이다.

대학교 진학 후 후회하는 친구들도 많이 본다. 원서를 쓸 때는 본인의 입시 결과만 생각하고 썼다가 입시가 끝난 후, 자기보다 성적이 나쁘거나 비슷한 친구들이 더 좋은 대학에 진학하는 걸 본 순간, 본인의 선택이 후회되기 시작하는 것이다.

주변 사람들과 비교하지 않고 살 수 있다면, 정말 행복할 수 있다. 인생을 살아보니 그게 제일 힘들다.

원서 쓰다 2번 도망간 친구
2021 농어촌전형 B고 내신 1.57점 성균관대 사회과학과

　시골 고등학교 출신은 서울대 지역균형전형 학교장추천서를 받는 경우, 연세대와 고려대보다 합격할 확률이 훨씬 높다.

　서울대 문과 지역균형전형은 경쟁률이 4대1에서 2대1 정도 나오는 경우가 많고, 이과 지역균형전형은 컴퓨터공학 같은 인기 학과가 아니면 1점대 경쟁률부터 2점대 경쟁률이 자주 나온다. 이 경우는 최저를 맞추기만 하면 합격할 수 있다. 특히 기존에는 탐구2가 필수 선택이라 의대를 지원하던 우수한 친구들이 많이 지원하지 않았다. 그런데 2024학년도부터 과탐2 필수 선택이 사라져 지원자가 증가할 수 있다.

　연세대와 고려대는 경쟁률이 보통 10대1에서 20대1 정도 나오고, 학과와 전형에 따라 30대1이 넘는 경우도 많다. 경쟁률이 10대1 조금 넘는 경우, 원서를 쓰고 나서 1차 합격예측이 가능하지만 20대1이 넘는 경우는 예측이 힘들다.

특히 최저가 없는 연세대는 자사고, 특목고, 명문고 학생들과 경쟁하기 때문에 시골 학교 내신이 어느 정도 인정받을지 예측이 어렵다.

하지만 최저가 있는 고려대의 경우 최저를 맞추면 시골 학교라도 좋은 내신을 인정해주는 것으로 보인다.

아이들에게 원서 쓸 때 예를 들어 이야기한다.

"시골 학교에서 이과 내신 1.7점인 학생이 서울대 학교장추천전형 항공우주공학 경쟁률 2대1(최저 3 합 7), 고려대 종합 기계공학 경쟁률 10대1(최저 3 합 6) 중에서 어디 붙을 확률이 높을까?"

"서울대가 훨씬 높아. 3 합 6 최저 맞추는 거보다 3 합 7 최저 맞추는 게 훨씬 쉽고, 1.7점 정도 성적이면 최저 맞추면 둘 다 붙을 거니까."

"그럼, 이과 내신 2점인 학생이 서울대 학교장추천서 받고 서울대 항공우주랑 고려대 기계공학은?"

"이때도 서울대가 붙을 확률이 고려대보다 높아. 서울대에는 최저 못 맞추는 친구들, 그리고 의대 빠지는 애들이 많아서 최저만 맞추면 붙을 확률이 높아. 단 서울대 추천서가 있을 때 이야기야. 너희는 최저 맞춰야 추천서를 받을 수 있잖아, 그러니까 공부해."

하지만 시골 학교에선 서울대 추천서를 쉽게 얻어서인지 소중하게 생각하지 않고, 추천서를 쉽게 포기하는 친구들이 많다. 강남에서 학교 다니는 친구들은 이해하기 힘들 것이다.

군군이는 정치외교학과에 진학해서 외교관이 되고 싶어 하는 친구다. 열심히 공부해서 문과 내신 1.5점 정도로 내신을 마감했다.

"군군아 대학교 어디 쓰고 싶어?"

"정치외교학과 위주로 쓰고 싶어요. 연세대나 고려대 정치외교학과 가고 싶어요."

"서울대 추천서 받을 수 있지?"

"지역균형전형 학교장추천서 받을 수 있어요."

"농어촌전형 추천서도 받을 수 있지?"

"농어촌전형도 받을 수 있을 것 같아요. 학년부장쌤이 지역균형전형은 2명, 농어촌전형 추천서는 받은 애 없다고 하셨어요."

"서울대 쓰면 어디 쓰고 싶어?"

"정치외교학과 쓰고 싶은데 성적이 낮아서 힘들 것 같아요."

"그러면 연세대, 고려대는 몇 장 쓸 거야?"

"고려대는 교과전형, 종합전형 1장씩 쓰고, 연세대는 1장 정도 쓰고 싶어요."

"안정으론 어디 쓰고 싶은데?"

"성균관대랑 한국외대 생각했어요."

"그러면 1장은 서울대 추천서 있으니까 붙을 만한 학과에 쓰자. 경쟁률 잘 나오면 연세대나 고려대보다 서울대가 붙을 확률 높아."

"집에서 대구한의대 한의예 최저 있는 전형 말씀하셨어요."

"대구한의대 한의예면 4 합 6인가?"

"네."

"최저가 고려대 2개, 대구한의대 1개? 너무 높지 않을까? 최저 못 맞추면 다 떨어지잖아."

"고려대 정치외교학과는 최저만 하면 합격할 확률이 높을 거 같아서요."

"고려대 교과전형이랑 대구한의대 최저가 너무 어려워서 둘 중에 1장만 쓰는 건 어떠니?"

"그래도 최저 되면 둘 다 붙을 수 있잖아요."

"맞아. 최저 되면 정말 좋은 상황인데, 지금까지 원서 쓰면서 생각보다 최저를 못 맞추는 친구를 많이 봤어. 그리고 최저를 써도 가능성이 높은 경우 조심해서 쓰는데, 실제 수능에선 지금까지 보던 모의고사보다 상위권 등급을 받는 게 어려운 경우 많아. 특히 지금 상황은 1등급이 2개 이상 나오고 사회탐구도 2과목 평균이라 조심했으면 좋겠어."

"6월에도 잘 나와서 공부하면 잘될 거 같아요. 최저가 높아서 맞추면 거의 합격이라고 하셨잖아요."

"응, 쌤은 2장은 위험하고 1장만 썼으면 좋겠어. 1장 남으면 원서 쓸 때 좋은 곳 나오면 그때 써도 되지."

이후 수시 접수 시작할 때 군군이가 학원에 왔다.

"서울대는 어디 쓸 수 있어요?"

"지금 상황은 모르는데 정치외교학과나 경영학과, 경제학과, 자유전공 같은 데는 못 쓸 거야. 대신에 사범대, 독어독문, 불어불문, 노어노문, 농경제학과, 의류학과, 인문학과 중에서 쓸 수 있을 거 같아."

"사범대는 다른 과 전과나 복수전공이 힘들어서 빼고 싶어요."

"알았어. 사범대 말고도 지원할 만한 다른 학과 있으니까. 일단 일요일 2시에 원서 쓰러 와. 3시에 경쟁률 확인하고 지원할 거야. 다른 애도 그때 올 거야."

수시 원서 마감 3일 차에 다른 친구들은 왔지만, 군군이는 오지 않았다. 전화를 해보니 지금 기숙사에 있어서 오늘 쓰는 학과 정보를 보내달라고 했다. 카톡으로 서울대 지역균형전형으로 합격 가능성이 높은 학과를 보냈다.

'지금 붙을 확률 순이야. 독어독문, 불어불문, 지리학과, 농경제학과, 의류학과.'

3일 차 6시 원서 마감 시간 지나고, 서울대 최종 경쟁률이 나왔다. 전부 1.4~2.5대1 정도가 나왔다. 최저를 충족하면 모두 합격 가능권이었다.

저녁쯤 어머님께 전화가 왔다. 어제 연세대, 고려대, 성균관대, 한국외대 5장을 미리 썼고 남은 1장은 한의대 쓰고 싶어서 오늘 서울대 쓰지 못했다고 말씀해주셨다.

미리 지원했던 연세대, 고려대, 성균관대, 한의대는 경쟁률이 10대1에서 20대1 정도로 나왔다. 어머님께서 서울대 원서 안 쓴 걸 아쉬워하셨다.

"수능 공부 열심히 해서 최저 맞추면 좋은 결과 있을 겁니다."

군군이는 2022학년도 성균관대 사회과학부에 입학했다.

다음 해 8월에 부모님과 군군이가 재수 원서 상담을 오셨다. 이번에는 경쟁률을 보고 농어촌전형 위주로 서울대, 연세대, 고려대, 한의대만 쓰기로 했다.

2023학년도는 전년과 달리 서울대 농어촌전형 추천서를 고3 재학생만 받을 수 있어 일반전형 1장, 연세대, 고려대 일반전형 1장, 농어촌전형 1장, 최저 있는 한의대 1장을 쓰기로 했다. 원서 접수 3일 차에 원서를 쓰기로 하고 돌아갔다. 이후 원서 접수 2일 차에 찾아가도 되냐며 연락이 왔고, 스터디 카페로 찾아왔다.

"내일 학교에 농어촌전형 확인서 받으러 가야 해서 지금 학과 결정해서 내일 확인서 받아 가려고요."

"군군아 경쟁률 보고 원서 쓰려면 서울대는 내일, 연세대, 고려대는 모레 쓰고 학교로 농어촌전형 확인서 받으러 가면 되잖아."

"학교 선생님이 농어촌전형 확인서 받으려면 내일 오라고 하셔서요. 그리고 학원 가서 수능 준비하려고요."

"군군아 붙을 확률을 높이려면 경쟁률 보고 쓰는 게 유리하지. 작년에도 군군이 미리 쓴 원서 경쟁률 높아지는 거 봤잖아."

"지금 미리 결정할 수 없을까요?"

"결정을 지금 왜 하니? 연세대나 고려대는 2시 정도까지 경쟁률 보고 원서 쓰고, 고등학교 행정실에 가서 농어촌전형 확인서 도장 찍고 우체국 등기 부치면 되잖아."

군군이를 집에 보내고 어머님께 전화해서 원서 마감 날 쓰는 게 유리하다고 말씀드렸다.

원서 쓰다 의견이 안 맞아서 도망가는 친구들 자주 본다. 본인이 생각하는 진로 방향과 안 맞거나 반드시 가고 싶은 대학에 원서 쓰는 걸 반대하는 경우 원서 쓰는 걸 부탁하지 않거나 원서 쓰다 도망가기도 한다.

그런데도 2번 도망간 친구는 처음이었다. 1년 지났다고 사람 성향이 쉽게 바뀌지 않는다.

지금까지 경험상 내신 1점 중후반에서 2점대 초반 친구들이 원서 쓰다 제일 많이 도망간다. 개인적인 생각으론 내신 1점 초반에서 1점 중반인 학생은 원하는 학과에 원서를 쓸 수 있는 경우가 많다. 반면 내신 1점 중후반에서 2점 초반인 학생은 원하는 학과가 1점 초반 1점 중반 학생과 겹쳐서 붙기 어려운 경우, 희망과 다른 학과를 많이 추천한다. 이 성적대의 친구들이 학원에서 원서 안 쓰는 경우가 많다.

내신 4점대에서 8점대의 친구들은 무조건 학원에서 원서 쓴다. 절대 안 도망간다.

서울대 지역균형 추천서 받았어요

2023 일반전형 M고 내신 2.07점 경희대 경제학과

"쌤, 지금 내신 2점인데 서울대 지역균형전형 최저 맞추면 합격할 수 있어요?"

"내신은 추천서 받는 사람 중에 뒤쪽이야. 작년에 학원 형이 쓰려던 독어독문, 불어불문 같은 경우는 경쟁률 1점대 나왔는데 이 정도면 최저 맞추고 면접 무난하게 보면 붙을 확률이 높아."

"전 서울대 비인기 학과라도 가고 싶어요."

"그럼 과는 쌤이 정할 테니까. 수능 준비 열심히 하자."

규규는 학교에서 안정적으로 수능 최저를 맞출 만한 친구가 없어서 서울대 추천서를 받았다. 모의고사를 잘 보면 3 합 4, 3 합 5 정도 나왔고 못 볼 때도 3 합 6 정도는 성적이 나왔다. 내신이 2점 정도로 좋지 않아서 순전히 경쟁률만 보고 수시 지원했다. 수시 원서 접수 3일 차, 서울대 의류학과 최종 경쟁률은 2.3대1로 서울대에서 제일

낮았고, 나쁜 내신이지만 최저만 충족하면 합격할 확률이 높았다.

3일 차에 서울내 원서 접수를 하고, 4일 차에 연세대, 고려대 등 경쟁률을 보면서 많이 놀랐다.

"쌤 지금 연세대랑 고려대 마지막 경쟁률 거의 10대1이 넘었어요."

"쌤이 예전에 추천서 받으면 연·고대보다 서울대가 쉽다고 한 말, 기억하지?"

"아. 어제 서울대가 천국이었네요."

"맞아 추천서 받으면 서울대가 천국인데, 멋모르고 연·고대 간다고 하는 친구들 많아."

"서울대가 지역균형전형을 받아서 다행이네요."

"3 합 7만 맞추고 서울대 가자."

서울대 지역균형 의류학과 2.3대1, 연세대 추천형 노어노문학과 7.17대1, 고려대 추천형 노어노문학과 12대1, 서강대 학종 경제학과 8.93대1, 성균관대 학종 경영학과 9.91대1, 경희대 네오르네상스 경제학과 17.65대1로 최종 경쟁률이 마감했다. 서울대와 고려대는 최저가 있었다.

수능에서 원래 잘 보던 국어가 91점이 나왔고, 사회탐구 과목 1개도 입시업체마다 등급 컷이 달라서 마음 졸였다. 이후 서울대 1차에 합격해 면접에 다녀왔다. 면접에 불참한 친구도 있어서 실질 경쟁률은 더 낮을 것 같았고, 수능 성적표를 기다렸다. 수능 결과가 나오고 국어 3, 사탐에서 3등급 나와서 3 합 7.5로 최저를 못 맞췄다.

2023학년도에는 국어 등급이 같은 점수라도 공통 부분에서 틀렸는지 선택에 틀렸는지 따라 같은 점수에서 2등급 차이가 났다. 합격이 가까운 상황에서 최저를 못 맞춰서 학생 본인이나 부모님도 많이 아쉬워하셨다.

결과적으로 경희대 경제학과에 입학했다.

Chapter. 3

애들아 내신 포기하지 마
• 아무리 나쁜 내신도 써먹을 데가 있어

"내신 성적 7, 8점대인 친구들도 대학 갈 수 있어요?"라고 물어보는 친구들이 있다. 원서 쓰는 기간이 되면 성적별로 어느 정도 대학에 갈 수 있는지 알게 된다. 이때 내신 7~8점 정도 되는 친구들은 어디를 갈지 감이 잡히지 않는다.

　원서를 쓰면서 8점대 친구들을 3년에 1번꼴로 본다. 내신 1점대 친구가 있는 것처럼 내신 8점대 친구들도 당연히 있다. 내신이 8점대면 전교에서 제일 하위권이다. 내신을 완전히 포기해도 내신 8.3점을 넘기는 힘들다. 고등학교에서 내신을 포기한 비율이 학교마다 다르지만 적어도 20~40%가 된다.

　학교 상황에 따라서 내신을 포기하는 이유도 다양하다.

경쟁 치열하지 않은 시골 학교

일반적으로 경쟁이 치열하지 않은 시골 학교에선 단순히 공부하기 싫어서 포기한 경우가 제일 많다. 일반적으로 내신 5점대 친구들이 상위 50~70% 되는데, 내신이 6점을 넘어가는 경우 거의 내신을 포기한다. 시골 학교에선 공부에 신경 쓰면 5점대는 맞을 수 있으며, 그 아래는 공부를 안 한 거다.

자사고, 명문고, 특목고

자사고나 명문고에서 내신을 포기하는 가장 큰 이유는 내신이 안 나와서 정시 수능이 유리하다고 생각하기 때문이다. 명문고에서 공부를 열심히 하는 친구라도 주요 대학에서 선발하는 내신 범위를 넘어가면 내신을 포기하고 정시 준비하는 친구들이 많다. 학생 중 절반 가까이 내신 포기 하는 경우도 많다.

명문고에 진학하는 친구들에게는 힘들어도 끝까지 내신 챙기라고 한다. 1학년 1학기는 힘들지만, 시간이 지날수록 내신을 포기하는 친구들이 많아져 내신 받기 좋아진다.

시골 학원에서 대학교에 입학하는 친구들을 보면 실력순은 아니다. 여러 친구를 중학교 때부터 대학교 입학할 때까지 길게 보다 보면, 결국 실력에 따른 고등학교 선택이 대학교 입학에 가장 큰 영향을 미친다.

수시와 정시 지원을 도와주면서 정시가 수시보다 어렵다는 이야기를 자주 듣는다. 수시는 6장을 지원할 수 있고, 쓸 수 있는 전형이 다양하고 복잡해서 경쟁률의 차이가 존재해 성적보나 상향으로 쓸 기회가 많다. 정시의 경우 가군, 나군, 다군 각 군에 1번씩 최대 3번을 지원할 수 있다. 하지만 실질적으로 주요 대학은 가군, 나군 2번의 기회밖에 없다. 그리고 정시에 떨어지면 재수다. 정시 원서가 재수 포함 4장, 삼수 포함 6장이라고 생각하는 친구도 있지만, 시골 고등학교 학생에게 재수는 낯선 이야기다.

수시에 안 되면, 다음은 정시다. 정시를 노리는 친구는 이번에 안 되면, 다음은 1년 뒤다.

오랫동안 수시로 대학가는 친구들 보면서, 낮은 내신으로도 학생 본인 생각보다 잘 가는 경우를 많이 보다.

좋은 성적으로 좋은 대학을 가는 건 당연하다. 원하는 대학에 가기 위한 성적이 모자랄지라도, 끝이 아니다. 그 성적으로 갈 수 있는 대학은 많다. 내신 성적이 좋으면 대학 다니면서 수시재수도 가능하다.

아무리 나쁜 내신도 써먹을 데가 있어.
내신 포기하지 말고 공부해!

그래도 대학은 간다

2020 농어촌전형 Y고 내신 8.2점 대전대 건축공학과

원서 쓰다 보면 많은 친구를 보게 된다. 성적이 높은 친구, 낮은 친구, 성적보다 높은 대학을 원하는 친구, 낮은 대학을 원하는 친구까지 다양하다. 각자 자신이 원하는 방향에 맞춰 대학과 학과를 고른다.

두두는 학원에 동생이 다니고 있었고, 고3인 자녀의 대학이 걱정되어서 어머님께서 찾아오셨다.

"어머님 생기부 가져오셨나요?"
"애가 성적이 안 좋아서 생기부 안 가져왔어요."
"성적이 얼마나 되죠?"
"학교에서 3학년 1학기까지 성적표 가져왔어요."
"8.2점 정도 나오네요. 대학은 어디 생각하세요?"
"애 아빠가 건설회사를 해서, 큰애가 건축학과에 가면 좋겠어요."

"대전권이면 괜찮나요? 대전이나 근처 지역이요."

"대전 근처면 너무 좋죠. 갈 수 있는 데 있을까요?"

"살 찾아봐야죠. 내신이 안 좋아서 선축과 안 뇌년 소성이나 토목학과 써도 될까요?"

"일단 근처로 대학만 가도 좋을 거 같아요."

"원서 쓸 때는 학생이 학원으로 오나요?"

"애가 별로 관심이 없어서 전화나 문자로 보내주실 수 있나요?"

"5일 중에서 4일 차에 1장 원서 쓰고, 나머지는 마감 날 경쟁률 보고 전화하고 문자로 보내겠습니다."

"접수는 한 번도 안 해봤는데 어떻게 하나요?"

"4일 차에 두두랑 같이 접수해보시면 어렵지 않을 겁니다. 4일 차에 공통원서 작성하고 원서 1장 쓰면 다음 날은 학과 전형만 선택하시고 결재하면 어려울 것 없습니다."

내신이 8.2점이라 어느 학과를 써도 꼴찌라서 무조건 경쟁률만 보고 원서를 썼다.

대전대, 목원대, 배재대, 국민대, 군산대의 건축공학, 건축학, 조경학과 등 경쟁률이 무조건 낮은 학과만 골라서 썼다. 서울 한번 써보고 싶다고 해서 국민대도 1장 썼다. 국민대는 특이하게 농어촌 12년만 지원할 수 있어서 경쟁률이 낮아 지원했다.

군산대에 1차 합격하고 면접을 준비하던 중에 대전대 농어촌전형 건축공학과에 합격했다. 나머지 면접은 가지 않았고 고민 없이 대전대에 입학했다.

낮은 내신보다 출석이 문제

2021 농어촌전형 Y고 내신 8.3점 목원대

작년에 두두 원서 쓰고 나서 다음 해에 유정이가 친구 서서가 성적이 너무 낮아서 대학교 못 간다고 걱정한다면 원서 쓸 수 있냐고 물었다. 찾아오라고 연락한 지 30분 만에 서서가 학원에 왔다.

"서서는 어느 학과 가고 싶어?"

"그냥 대전에 있는 대학만 가도 좋아요."

"만약에 공대 가면 공부할 수 있겠어?"

"수학은 절대 못 할 거 같은데, 수학 안 해도 되는 데 가고 싶어요."

"알았어, 무조건 가니까 걱정하지 마."

"내신이 낮으면 면접이나 자기소개서 있어야 경쟁률이 조금 낮아지니까 자기소개서는 준비해야 할 거야. 지금까지 공부 안 했으니까, 글짓기는 하자. 글 써오면 첨삭해줄 테니 최대한 많이 써와."

1주일 뒤에 자기소개서를 써왔는데 자기소개서가 아니라 반성문 느낌이었다. 지금까지는 노는 게 좋아서 공부 안 했지만, 대학교 붙여 수시년 열심히 하겠다는 다짐이 보였다.

"서서야 자기소개서는 나를 뽑아달라고 쓰는 글이야. 최대한 장점을 써야 하는데 지금은 너무 반성문 느낌이야."

"어차피 생기부 보면 공부 안 한 거 알 텐데. 솔직하게 써야 하지 않을까요?"

"서서야 자기소개서나 면접도 마찬가진데 부족한 부분보다 잘하는 부분을 더 보여줄 수 있잖아. 밴드부 활동하면서 베이스 잘 치는 거, 공연하면서 여러 사람과 잘 어울리고 사회성 좋은 거, 다른 사람 말을 잘 들어주고 대화하는 것 등등 쓸 수 있는 방향은 많아."

"성적 물어보면 어떻게 해요?"

"일단 성적이 나쁘니까 공부 안 한 건 인정하고, 다만 흥미 없는 일에 관심이 없는 편이라 성적은 나쁘지만, 잘하는 건 베이스 연주처럼 꾸준히 열심히 할 줄 안다. 공부는 하지 않아서 지식은 없지만 여러 사회현상에 관심 있고 생각은 있는 친구라고 해도 좋을 거 같은데…."

"쌤, 지금 말한 거 다시 말해주시면 안 돼요? 적어놓을게요."

"쌤이 경쟁률 낮은 거 찾다 보면 자기소개서나 면접을 하게 될 거야. 위축되면 무조건 손해야. 성적 나빠도 생각 있는 친구라는 인상 주는 게 중요해."

"모르는 거 물어보면 어떡해요?"

"물어보는 거 모를 순 있어. 하지만 인서울의 주요 대학처럼 지방 대학은 압박하지 않아. 모르면 아는 만큼만 대답하고, 잘 모른다고 하면 돼. 곤란한 질문을 계속하진 않을 거야."

학교 다니면서 공부를 열심히 하진 못했지만, 자기소개서는 자주 와서 첨삭하고 열심히 면접을 준비했다.

경쟁률이 낮은 학과만 골라서 원서를 썼다. 한밭대 학·석사 산업경영 2대1, 목원대, 한남대, 배재대, 한서대, 우송대에 원서를 썼다.
대전에 있는 대학에 면접 2곳을 다녀오고 한밭대 산업경영공학과 1차 발표에 떨어지고 학원에 찾아왔다.

"쌤, 한밭대 1차 떨어지면 최종 합격 못 하는 거죠?"
"응. 국립대는 1차 떨어지면 합격 못 하지?"
"경쟁률이 2대1인데 1차 떨어질 수 있나요? 1차 합격 2배수 이상이라 무조건 붙은 거 아닌가요?"
"학과에 전화해봤나?"
"전화했는데 전화 받는 사람도 잘 모르겠다고 해서 어떻게 해야 해요?"
"쌤도 잘 모르겠는데 아버님이랑 학교 한번 찾아가 봐."

본인이 너무 아쉬워서 찾아가면 결과가 바뀔까 해서 찾아가 보라고 했다. 출석부에 무단결석이 5회 정도 있었는데 그러면 출석 점수가 0점이 나온다. 학교마다 다르지만, 총점이 1,000점인 경우 내신

1등급과 9등급 차이가 총점 100점도 안 난다. 반면 출석점수는 150점 정도 차이 날 수 있다. 서서는 일정 점수 이하라서 1차에 떨어진 것 같다.

목원대, 배재대, 대전대 합격 후 집에서 가까운 목원대에 입학했다.

간호학과 갈 수 있어요?

2022 일반전형 Y고 내신 6.4점 대경대 간호학과

간호사가 되고 싶어 하는 친구들이 많다. 부모님도 안정적인 직업으로 간호사를 좋게 보신다. 요즘은 전문대학 간호학과도 4년제로 졸업하면 간호사가 될 수 있다. 예전에는 전문대학 졸업 후 간호조무사 자격증을 취득해야 했지만, 현재는 많은 부분에서 달라졌다.

일반적으로 내신이 높은 친구들은 인서울 간호학과나 지방 거점 국립대학 간호학과를 지원하고, 종합병원이 있는 대학을 선호한다. 성적이 낮은 친구들은 지방 간호대나 전문대에 지원한다. 이 친구들은 간호학과보다 낮아 보이는 임상병리사, 물리치료사, 응급의료학과에 많이 지원한다. 하지만 성적이 너무 낮다면 간호학과를 추천한다.

내신 6.4점이었던 림림이는 간호학과에 다니는 언니를 따라서 의료계열에 가고 싶어 했다. 부모님과 상담해보니 의료계열에 취업이 잘되니 그쪽으로 보냈으면 하셨다.

"애가 성적이 안 좋아서 물리치료학과나 응급의료학과에 갈 수 있을까요?"

"일단 주변 학교 물리치료학과나 응급의료학과는 내신 4점대는 나와야 하는데, 성적이 너무 낮아서 전문대 간호학과나 낮은 4년제 간호학과 찾아봐야 할 것 같습니다."

"전문대 나오면 간호조무사 아닌가요?"

"지금은 전문대 간호학과 4년제라 간호사가 될 수 있습니다."

"그럼, 전문대도 좋죠. 그런데 붙을 수 있을까요?"

"아버님이 아시는 이름 있는 전문대는 힘들고, 전문대에 간호학과 많이 있으니 여러 장 쓰면 몇 개 붙을 겁니다."

"그래도 6장 쓰면 붙을 수 있을까요?"

"전문대는 수시 지원 제한이 없습니다. 예전에 한 친구는 20개 쓴 적도 있습니다. 성적도 림림이보다 조금 좋았는데 몇 개 붙었습니다."

"장수 제한 없으면 전형별로 다 써도 상관없나요?"

"전문대는 전형별로 2~3개 쓰는 경우도 있지만, 종합전형을 지원하면 종합전형 여러 개 중에서 1개만 지원해야 해서 경쟁률 살펴보고 쓰면 좋을 거 같습니다."

"4년제 쓸 데 있을까요?"

"일단 림림이는 농어촌전형이 되니까 경쟁률 보고 쓰겠습니다."

전문대 여러 개 붙었는데, 공교롭게도 성적이 좋았던 언니와 같은 대학 간호학과에 입학했다.

쌤, 같은 반 애랑 같은 과 붙었어요

2016 농어촌전형 Y고 7.94점 한남대 건축학과

시골 학원에는 주로 중학교 또는 고등학교 1학년에 반이 만들어지고, 원서 쓸 때까지 반이 유지된다. 고3이 되면 노는 형님들도 공부하러 자주 온다. 진도나 난이도가 안 맞는 경우 수업을 하기 힘들다. 연연이와 친구들이 대학 가고 싶다며 4명을 모아 반을 만들어왔다. 내신은 6점에서 7.94점 정도로 수시는 포기하고 기출문제 위주로 수능 준비 시작했다.

"문과면 수능 4등급은 맞아야 해. 어려운 건 안 할 건데 기본문제랑 자주 나오는 기출 문제 위주로 수업할 거야."
"쌤, 수학을 너무 오랫동안 안 해서 아무것도 몰라요."

중학교 2학년 이후로는 공부를 안 한 친구들이라 중학교 때 배운 연립방정식, 직선 그래프 그리기, 2차 함수 그래프, 근의 공식, 근과

109

계수 관계, 닮음비 등을 수업 시작 전에 하나씩 하면서 수능 준비를 시작했다.

"기출문제집에서 3점짜리 유형만 다 맞히면 찍은 거 포함해서 40점은 나올 거야. 그리고 4점짜리 유형 중에서 쉬운 형태 몇 개만 챙기면 45점 넘을 수 있어. 그러면 모의고사 4등급은 나올 거야."

"어려운 건 안 풀어도 돼요?"

"연연이 풀 수 있는 쉬운 문제 10개 풀면 몇 개나 맞을 거 같아?"

"그래도 7개는 맞을 것 같은데요?"

"공부 잘하는 친구랑 시험 못 보는 친구들 가장 큰 차이는 잘하는 친구들은 아는 문제 안 틀리려고 노력해. 시험점수 잘 안 나오는 친구들은 자주 틀려서 아는 문제 틀리는 걸 대수롭지 않게 생각해."

"그런 거 같아요."

"너희는 풀 수 있는 문제가 별로 없고 수업 한 번 할 때마다 자주 나오는 형태 한두 개씩 수업 시간에 반복해서 할 거야. 그건 틀리지 말자. 그거 말고도 틀릴 문제는 많으니까, 아는 건 풀어 맞추고 나머지는 잘 찍고 자면 돼."

"모의고사 수학 몇 개 풀고 푹 자고 일어났는데도 시험이 안 끝나요."

"우리 목표는 모의고사 100분 중에서 50분만 깨어있는 거로 하자. 쌤이 시키는 건 무조건 푸는 방법에서부터 답까지 외우면 돼, 어려운 유형 빼면 수능유형 생각보다 많지 않아서 6월 모의고사 때까지 열심히 하면 4등급 나올 거야."

두 달 공부하고 5월 모의고사에서 33점에서 46점 나왔다. 3명 모두 4등급이 나왔다. (2016)

"쌤, 저 4등급 나왔어요."

"잘했어, 이제 학원 그만 와라. 4등급 맞을 때까지 학원 다니기로 했잖아."

"아니에요. 이제 3등급 가야죠."

"반 친구 중에 너희보다 못 본 애들 좀 있지?"

"제가 반에서 중간 정도예요. 앞자리에 있는 애는 공부 많이 하는데 저랑 점수가 똑같아요."

"너희는 자주 나오는 것만 풀어서 쉬운 문제는 그 친구보다 잘 풀어서 그래. 그 친구는 시험이랑 상관없는 문제 푸는 데 많은 시간을 써서 공부가 시험 보는 데 도움이 안 된 걸 거야."

"걔보다 시험 잘 보니까 좀 그래요."

"너희는 수능기출이랑 평가원에 자주 나오는 유형만 공부하잖아. 이런 문제에는 그 친구보다 너희가 유리할 수 있어. 하지만 그 친구는 실력이 있으니까 어려운 문제 푸는 건 너희보다 유리하겠지. 근데 어차피 어려운 거 틀릴 거면 너희 점수가 높을 거야."

"이제 확률, 통계 기본문제랑 경우수 노가다 문제만 풀 수 있어도 4개는 더 풀 수 있어. 시키는 것만 열심히 해."

6월 모의평가에서 38~52점으로 성적이 많이 오르진 않았지만 4등급은 나오고, 조금 더 욕심내서 아이들이 공부하기 시작했다.

8월에 9월 수시 원서 어디 쓰고 싶은지 상담했다. 성적이 낮은 친구들이라 어머님들이 선생님과 알아서 쓰라고 하셨다.

"연연아 내신 얼마야?"
"성적표 담임쌤이 주셨는데, 성적이 너무 안 좋아요."
"내신이 7.94점? 이거 맞지?"
"맞겠죠."
"어디 가고 싶어?"
"대전에 남고 싶어요."
"그래도 농어촌전형이 되니까. 대전에 있는 대학은 갈 거야."

수시로 한남대 농어촌전형 건축학과, 한밭대 농어촌전형 신소재공학과, 우송대 농어촌전형 건축학과, 목원대 건축학과, 순천향대 건축학과을 지원했다.

최종 경쟁률 2대1이던 한남대 농어촌 건축학과에 합격했다. 공부 열심히 하던 친구는 수시 원서 접수 첫날 원서를 쓰고, 수능 준비를 했던 상만이는 연연이와 같은 학교 같은 과를 다른 전형으로 붙어 입학했다.

예전과는 다르게 내신이 안 좋은 친구들이라도 지방 국립대나 그외 학교의 인기 학과가 아니라면 원서를 잘 써서 수시나 정시로 합격하는 경우가 많아졌다. 비인기 국립 대학 학과라면 낮은 성적으로 합격하는 친구가 많다.

농어촌 안 돼요 (1) - 농어촌전형 지원자격

2021 일반전형 Y고 내신 6.1점 우송대 언어치료·청각재활학과, 공주대

"경경아 많이 놀았구나. 내신 6.1점이네."

"그나마 조금 공부해서 올린 거예요."

"농어촌전형 되지?"

"네 농어촌전형 다 돼요. 계속 엄사 살았어요."

"대학교 어디 가고 싶어?"

"대전에서 다니고 싶어요. 아니면 근처 국립대 가고 싶어요."

"충남대는 힘들고 공주대나 한밭대?"

"네 거기 가면 좋죠. 거기 써도 돼요?"

"붙을 만한 데 4장 써놓고, 상향으로 2장 정도 쓸 수 있지."

"그럼, 한밭대, 공주대 다 쓸 수 있어요?"

"일단 문과라서 공주대 천안캠(공과대)은 쓸 만한 데 없고, 공주캠이나 예산캠(농대)은 농어촌전형으로 노려볼 만해. 한밭대는 문과 학과가 별로 없어서 힘들 것 같고, 근처 교통대나 충북대 혹시 농어촌전형

쓸 만한 거 있으면 써보자."

"국립대 가면 좋죠. 혹시 유아교육이나 이런 쪽으로 써도 돼요?"

"일난 국립대에 유아교육은 없고, 대전 쪽 사립대에서 유아교육 인기 있는 편인데 농어촌전형 되니까 상황 봐서 쓰면 돼."

9월 수시 원서 마감날 6장의 원서를 접수했다. 내신이 좋아서 경쟁률 낮은 과만 지원했다.

충남대 농어촌전형 무역학과 2대1, 공주대 농어촌전형 2대1, 한남대 농어촌전형 아동복지학과 2대1, 우송대 교과전형 언어치료·청각재활학과 2.33대1 등을 썼다. 수시 원서 접수 후, 담임쌤이 원서를 왜 그렇게 썼냐고 뭐라고 하셨단다. 붙기 힘들게 너무 상향으로 썼다고.

원서 접수 후 공주대에서 농어촌전형 지원자격이 되는지 확인 연락을 받은 경경이가 학원으로 찾아왔다.

"경경아 생기부랑 주민등록등본 꺼내봐."

"주민등록등본에 하루가 세종시로 되어있네? 어떻게 된 거야?"

"엄마가 아파트 청약 때문에 세종시 전입 신고하고, 바로 다음 날 엄사로 왔는데 그럼 농어촌전형 안 돼요?"

"원칙적으론 안 되지. 농어촌전형 몇 장 썼지?"

"충남대, 한밭대, 한남대는 농어촌전형으로 썼어요. 농어촌전형 쓴 거 다 떨어진 거예요?"

"아마도 안 될 거야. 보통 농어촌전형은 자격이 안 되면 대학교에서 연락도 안 하고 바로 떨어트리는데, 공주대에선 뭐라고 해?"

"농어촌전형 지원자격 되는지 확인이 필요하다고 했어요."

"경쟁률이 1명 모집에 2명 지원이었지?"

"네, 경쟁률 낮아서 좋았는데…."

"일단 중학교, 고등학교를 여기서 학교 다니고 공부했다고 확인서 쓰고 학년부장쌤한테 사인 부탁드려서 학교에다 직접 제출해. 연락 온 거 보니까 경쟁률 낮아서 미달 날까 봐 연락한 거 같아."

"사유서 학원에서 쓰고 갈게요."

다행히 공주대에서 1차 합격하고 면접 다녀와서 합격했다. 농어촌 전형으로 쓴 충남대와 한남대는 1차에서 떨어졌고, 우송대, 목원대도 합격하여, 우송대 언어치료학과에 입학했다.

농어촌전형 지원자격은 6년과 12년이 있다. 농어촌전형 6년은 중학교, 고등학교가 읍, 면 지역에 위치하고, 학생과 부모님 주민등록이 모두 읍, 면으로 되어있어야 한다. 농어촌전형 12년은 학생 본인이 다닌 초등학교, 중학교, 고등학교가 모두 읍, 면에 위치하고, 학생 본인의 주소지가 초중고 다니는 동안 읍, 면으로 되어있어야 한다.

초등학교, 중학교, 고등학교 때 전학으로 여러 학교를 다니면 다녔던 학교가 모두 읍, 면 지역에 있어야 농어촌전형을 쓸 수 있다.

농어촌전형을 쓸 수 있는 학생은 생각보다 적다. 초등학교, 중학교는 시골에서 다니지만, 지역의 명문고는 주로 동 지역에 위치하는 경우가 많은데, 이런 경우 농어촌전형을 쓰지 못한다.

몇 년 전만 해도, 아파트 청약을 위해서 세종시 전입으로 농어촌전형이 안 되는 친구들이 자주 있었다.

농어촌전형은 원서를 쓸 때는 잘 살펴봐야 한다. 농어촌전형을 쓸 수 있는지 확인하고 싶으면, 생기부랑 주민등록등본을 가지고 고등학교 행정실 직원에게 물어보면 된다.

정 모르겠으면 시골 수학쌤에게 가져오면 된다.

12년 공부해 얻은 소중한 6장의 수시 원서를 잘 썼으면 좋겠다. 농어촌전형이 안 되는 경우, 농어촌전형으로 지원한 원서를 모두 날리게 된다.

농어촌 안 돼요 (2) - 농어촌전형 지원자격

2021 일반전형 Y고 내신 5.4점 한밭대, 내신 5.7점 한남대

가가, 주주는 고2 때부터 학원을 다닌 쌍둥이 형제다. 성적은 5.4점, 5.7점으로 좋은 편은 아니었지만, 대전권 대학을 희망하는 상태라 대전권 안정 3장 상향으로 3장씩 쓰기로 했다.

대전권은 공대나 자연대 중에서 쓰기로 했고, 상향으로 충남대, 공주대, 충북대, 한밭대 중에서 농어촌 위주로 3장씩 쓰기로 했다.

그렇게 충남대, 공주대, 한밭대, 순천향대, 한남대, 한기대에 6장을 썼다. 한밭대는 학·석사 건축공학과와 토목공학과, 한남대는 종합전형 수학과와 물리학과에 지원했다.

남은 수시 원서 4장은 농어촌전형으로 각각 충남대, 공주대, 한밭대, 한기대에 원서를 썼고 충남대 농어촌전형은 건설공학교육 2대1, 선박해양공학 2.5대1로 경쟁률 마감해서 운이 좋으면 충남대도 합격할 수 있는 상황이었다. 학생뿐만 아니라 부모님도 많이 좋아하셨다.

다음날 쌍둥이 아버님으로부터 전화가 왔다. 충남대에서 농어촌전형 지원자격이 되는지 물어보는 전화가 왔다고 하셨다.

"아버님, 아이들 중학교 입학 때부터 주민등록등본 사진 찍어서 보내주세요."

중학교 입학이 3월 초인데 속초시 교동에서 계룡시 신도안면으로 전입은 입학식 이후 3월 13일로 농어촌전형 지원자격이 안 된다.
아버지의 근무지 이동으로 계룡으로 이사했지만, 살던 집 전세금을 받지 못해서 전입신고를 늦게 했다.

농어촌으로 쓴 4곳은 전부 불합격했다. 다행히 한밭대 건축공학과, 한남대 수학과에 붙었다.

중학교 때부터 이 지역에 살아서 농어촌전형이 된다고 생각하는 친구들이 많다. 하지만 부모님의 여러 사정으로 농어촌전형이 안 되는 경우를 종종 본다. 가장 많은 이유가 아파트 청약을 위한 전입이고, 이사 후 전입신고를 늦게 하는 경우, 부모님 중 1명만이라면 읍, 면 지역에 있어도 된다고 착각하시는 경우도 있다.
특수전형 쓸 때는 확실히 확인해야 한다.

너도 충남대 갈 수 있어 (1)
2021 교과전형 Y고 내신 5.5점 충남대 중어중문학과

대입 상담할 때, 주로 부모님이 오시지만, 형제나 친척분이 오시는 경우도 많다. 정정이 어머님과 대학을 졸업한 언니가 상담에 왔다.

"어머님 정정이 대학은 어느 정도 생각하시나요?"

"애가 성적이 낮아서 충남대는 가기 힘들죠?"

"충남대는 운이 좋으면 최저 맞춰서 갈 수 있긴 한데, 내신이 5.5점 정도라 확률적으론 가기 힘듭니다."

"충남대 아래로면 굳이 대학교에 갈 필요가 있나요?"

"그럼, 공주대나 한밭대는 괜찮으신가요?"

"거기도 애 성적으로 갈 순 있나요?"

"농어촌전형이 되니 눈치 봐서 잘 쓰거나, 최저 맞추면 충남대보단 가능성 있습니다."

옆에서 이야기 듣던 정정이 언니가 충남대 나와도 취직하기 힘들다며, 영양사나 간호사 같은 자격증 있는 직업이 나을 것 같다고 했다.

"현재 성적으론 간호학과 4년제는 힘들고, 전문대는 가능합니다. 수시 원서 6장에 포함되지 않는 데 몇 개 쓰고 4년제는 따로 쓰면 될까요?"

"전문대 간호학과 나와서 간호사 제대로 할 수 있나요? 전문대까진 안 썼으면 합니다."

"그럼, 식품영양이나 식품공학은 어떠세요?"

"영양사 되면 좋죠. 국립대는 힘들죠?"

"네. 국립대는 힘들고 사립대로 찾아봐야 할 겁니다."

이후로 안 좋은 대학은 갈 필요 없다고 하셨고 정시로 가도 좋다 하셔서 충남대, 충북대, 공주대, 교통대를 쓰기로 했다.

"정정아 어머님이랑 언니랑 이야기 나눴는데, 공주대 이상으로만 썼으면 하시던데."

"언니가 충남대 나왔는데, 충남대 나와도 별거 없다고 충남대 아래는 안 가는 게 좋다고 해요."

"넌 정시 가도 괜찮아?"

"될 수 있으면 수시로 가야죠."

"일단 충남대 최저는 맞춰야 해. 문과니까 국, 영, 탐 11이야. 최저는 괜찮니?"

"국어 3등급, 영어 5등급 정도 나오는데, 한국지리가 1등급 나오고 나머지도 3등급은 나와서 최저는 괜찮을 거 같은데요."

"일단 수능은 어떻게 될지 모르니까 3개월 동안 영어는 올려보자."

수시로 교통대 교과전형 식품영양학과 2대1, 공주대 식품영양학과 농어촌전형 5대1, 충남대 교과전형 중어중문학과 6대1, 충남대 농어촌 한문학과 3대1로 지원했다.

"쌤, 충남대, 공주대 최저 맞추면 합격할 수 있나요?"

"공주대는 최저 맞추면 무조건 합격이야. 충남대 중어중문학과는 정정이 성적이 낮아서 최초합은 힘들고 추가모집 가능해. 농어촌 한문학과도 앞에 붙은 애가 좋은 데 붙으면 가능성 있어."

"같은 과 쓴 친구들 진심으로 잘됐으면 좋겠어요."

"최저 맞추고 면접준비 잘하면 될 거야."

정정이는 충남대, 공주대, 교통대에 합격하고 충남대 중어중문학과에 입학했다.

내신 성적이 낮은 경우에도 교과전형이 가능하다. 최저를 충족하는 비율이 생각보다 적기 때문이다. 충남대 중어중문학과의 경우 30% 정도 최저를 맞춘다 가정하고 원서를 쓴다.

경쟁률 6대1이면, 10명 모집에 60명 지원했을 때 최저를 17~20

명 정도 맞춘다고 가정하고, 정정이보다 내신이 낮지만 정시 준비하며 최저 있는 교과전형을 지원하는 비율도 있다고 가정하여 준비하면 13~15등 정도로 추가합격이 가능하다.

정시를 준비하는 친구들 많은데, 최저 있는 수시도 챙겼으면 한다.

너도 충남대 갈 수 있어 (2)

2020 농어촌전형 Y고 내신 4.5점 충남대 물리학과

현현이는 학원을 다니다 졸업한 친구 소개로 고등학교 1학년 때부터 학원에 왔다. 학원을 특히 좋아해서 항상 학원에 오고, 쌤들 밥 먹을 때 자주 얻어먹었다.

공부는 꾸준히 했지만 4.5점으로 내신을 마무리했다.

2학년 때부터 공부 열심히 하라는 의미로 현현이에게 "현현아 충남대 물리학과 가야지"라고 자주 이야기했다. 수시 원서 쓸 때가 되니 계속 이렇게 이야기한 게 조금 압박으로 다가간 듯했다.

"쌤, 저 이번에 충남대 물리학과 갈 수 있는 거죠?"
"알았어. 어떻게든 한번 가보자."

학원에 오래 다닌 친구라 원서 쓰기 전에 어느 정도 쓸지 미리 정해놓은 상태였다. 충남대 이과 최저가 수학, 영어, 탐구 3 합 12인데,

6월 모의고사와 방학 때 본 모의고사 성적이 낮아서 최저를 써야 할지 고민했고, 6장 모두 최저 없는 곳으로 원서를 쓰기로 했다.

"현현아, 일단 안정으로 2장 쓰고 적정 1장은 상향으로 지원하자. 제일 낮은 데는 어디 쓸 거야?"

"한남대, 공주대부터 쓰면 되나요?"

"그럼 안전하지! 적정으로 한밭대 쓰고, 상향으로 충남대 정도 쓰면 될 거 같아."

"쌤, 인서울은 1장 쓸 수 있어요?"

"농어촌전형 12년 되지?"

"네, 되죠. 12년 읍, 면에 주소지 있으면 되는 거죠?"

"응, 맞아. 그럼, 국민대가 특이하게 농어촌전형이 12년만 되니까. 초 상향으로 거기 하나 쓰자."

"네, 좋죠."

"학과는 어디 썼으면 좋겠어?"

"안정으로 쓰는 데는 기계공학과나 신소재공학과 쪽 쓰고 싶어요."

"알았어. 충남대는 어디 써도 상관없지?"

"충남대는 무조건 붙으면 가야죠."

"알았어. 쌤이 어디 쓸지 모르니까 자기소개서는 기계공학과, 신소재공학과, 물리학과 세 가지 정도로 준비해라. 일단 한남대 쓰면 무조건 붙으니까 수능 준비 안 해도 되고 자기소개서만 잘 준비해."

현현이는 2개월 정도 자기소개서를 준비한 후, 원서를 쓰고 면접을 준비하면서 12월 발표 전까지 학원에 계속 왔다. 밥 안 먹었을 때 학원에 들러서 "쌤 식사 안 하세요?" 물어보며 자주 저녁을 먹었다.

수시 원서는 국민대 농어촌전형 자동차공학과 4대1, 충남대 농어촌전형 물리학과 2.5대1, 공주대 금형설계공학과, 한밭대 기계공학 등 다양하게 썼다.

충남대 1차 합격 후 담임쌤께서 "충남대는 붙기 힘들 거야"라고 친구들 앞에서 이야기했다고 했다. 굳이 이렇게 말하는 이유를 모르겠다.

결과적으로 국민대 자동차공학은 1차 붙고 면접 다녀왔지만 불합격했다. 충남대, 한밭대, 공주대 등 나머지 5개 학과는 모두 붙었다.

충남대 합격 후 충남대 합격증을 담임 선생님에게 보여주면서 따질 거라 했지만, 그러지 말라고 말렸다. 학교에서 원서를 쓸 때 담임 선생님이나 학교에서 원서 도와주시는 선생님의 생각과 다르게 지원하는 경우, 잘못되면 선생님을 원망할까 봐 떨어지면 네 책임이라고 방어적으로 하시는 선생님의 마음은 이해가 되었기 때문이다.

하지만 학교에서 원서를 쓰지 않는 경우 담임 선생님에게 책임을 돌리는 경우는 없다. 결과를 초조하게 기다리는 학생에게 "잘될 거야. 기다려보자"고 말씀해주셨으면 좋겠다.

쌤, 한밭대 붙었는데요?

2020 농어촌전형 Y고 내신 5.6점 한밭대 도시공학과

시골 학교에서 내신이 5점 정도 나오면 대학교 결정할 때, 많이 고민한다. 예전과 달리 대전의 사립대 몇 장 쓰면 붙기 어렵지 않은 것도 사실이다. 하지만 상향으로 쓸 때는 학생 성향에 따라서 쓰는 방식이 차이가 난다.

범범이는 내신이 5.6점 정도 나오고, 학교에서는 대전 사립대, 충남권 사립대를 추천해주셨다.

"범범아 대학교 어디 가고 싶니?"
"대전에 있는 학교만 가도 좋을 거 같은데요?"
"재수할 생각 없지?"
"재수해도 공부 안 할걸요?"
"그래, 일단 안전하게 군산대랑 대전 사립대 3장 정도 쓰고, 상향으

로 3장 정도 써보자."

"상향은 어디 쓸 수 있어요? 충남대 쓸 수 있어요?"

"충남대는 경쟁이 치열해서 어렵고, 한밭대나 공주대 상황 봐서 충북대나 전북대 써보자."

"쌤, 저 지금 축구하러 가봐야 하는데, 쌤 시키는 대로 쓸게요."

"참 일관성 있어. 다음 수업 때 자기소개서 많이 써와."

범범이는 기말고사 끝나고, 수시 원서 전까지 자기소개서 첨삭만 하고 방학 동안 축구대회 한다고 타서 더 새카매져서 왔다.

"쌤, 현현이 국민대 써요?"

"응, 초 상향으로 1장 쓰는 거야. 농어촌전형 12년 돼서 그걸로 1장 쓰려고."

"저도 1장 써도 돼요? 농어촌전형 12년 되는데."

"다른 대학교 상황 보고 상향으로 쓸 만한 데 없으면, 하나 써보자."

원서 접수 기간 현현이, 지원이, 현서와 같이 매일 학원에서 자기소개서 쓰고 놀러 다녔다. 원서 접수 기간에 충남대, 충북대, 전북대는 범범이 성적에 붙을 만한 경쟁률이 나오지 않았고, 국민대에 1장 쓰기로 하고 현현이 원서 쓸 때 같이 왔다.

"쌤, 정보보안암호수학과가 뭐예요?"

"범범이 여기 쓸 거야."

"여기 붙을 수 있어요?"

"지금 경쟁률이 2.5대1이니까, 그나마 확률이 높아."

"충북대나 전남대는 쓸 데 없나요?"

"지금 범범이 성적으로 붙을 만한 데가 안 보여. 여기가 제일 나아 보이는데."

"여기 붙어도 못 다닐 거 같은데요?"

"아니, 붙으면 다닐걸."

범범이는 성적이 낮아 경쟁률이 낮은 전형만 썼다. 국민대 농어촌 전형 정보보안암호수학과 4대1, 한밭대 농어촌전형 도시공학과 3.5 대1, 공주대 농어촌전형 지역개발학부 2대1, 군산대 고른기회전형 산업운송 1.5대1, 농어촌전형 해양생물공학과 2대1, 목원대 지능로 봇공학과 미달….

결과적으로 군산대와 목원대는 최초합 하고 내 생일 날 한밭대 합 격증을 문자로 보내왔다.

'대박 대박 축하해. 내 생일 선물은?'

'ㅎㅎ 그래서 지금 일하고 있어요.'

성적이 낮은 상황이지만 당시 농어촌전형 경쟁률이 잘 나와서 편 하게 합격했다.

대부분 수험생이 상향으로 쓰고 싶어 한다. 정시에 자신이 없는 경우 수시에 안정으로 2~3장 정도 쓰고 상향으로 쓰라고 조언하지만, 무조건 붙을 학과가 있으면 안정으로 1장 쓰고 한 칸씩 위로 상향 지원하면 선택의 폭이 넓어진다.

그런데 정시로 가도 좋으니, 상향만 써달라는 경우도 있다. 상향만 6장 쓰는 친구는 상향으로 2장 쓰는 친구들보다 좋은 대학 갈 확률은 높다. 하지만 정시로 넘어가는 경우도 많다. 성적이 높은 경우는 6장을 상향으로 쓰고, 안 되면 내년에 최저 준비하는 수시재수, 원서만 쓰는 원서재수를 해도 좋은 대학에 갈 확률이 높다. 내신이 안 좋고, 공부할 자신이 없으면 어디든 우선 대학에 가는 것을 추천한다.

학원에 원서 쓰러 온 재수생, 삼수생 친구들을 보면 수능 준비가 부족한 상황에서 수시 지원할 때 상향은 붙기 어려운 과를 쓰고, 안정은 붙어도 다니지 않을 학과를 쓴 경우가 많다. 상향 떨어져서 재수하고, 하향 붙어도 재수하는 경우가 제일 안타깝다.

어딜 가든 가장 흔한 내신

2023 일반전형 G고 내신 5.1점 충북대 목재종이과학과

잰잰이는 중3 때부터 학원에 왔다. 평상시에는 수업할 때만 공부하고, 시험 기간이 되어서야 공부하는 친구였다. 공부에 대한 욕심이 없는 편이라 열심히 하라고 3년 동안 이야기했지만 잘 바뀌지 않았다. 내신 5점으로 마감하고 수시 상담을 시작했다.

"잰잰아, 대학교 어디 가고 싶어?"

"집에서 국립대 갔으면 좋겠다고 하세요."

"일단 잰잰이는 농어촌전형이 안 되니까. 주변에 한밭대나 공주대를 목표로 해야 할 거 같고, 안정으론 대전에 사립대 써야 할 거 같아."

"충남대는 못 써요?"

"최저 수, 영, 탐 3 합 12인데 할 만하니?"

"그건 안 될 거 같은데요."

"지금 내신이 낮아서 최저 맞춰도 합격 확률 낮은 편인데, 최저 못 맞추면 충남대는 힘들어. 하지만 상황 봐서 충남대나 충북대 상향으로 한두 장 쓸 수 있어."

"엄마가 안정으로 대전 사립 말고, 국립대 갈 수 있냐고 하셔서요."

"지역 상관없으면 군산대는 합격할 만한 데 많이 있어."

"군산대는 어떤 학과 있어요?"

"수산자원이나 일반 건축, 토목 같은 공대 지원할 수 있어."

"제 성적으로도 안정이 돼요?"

"군산대는 경쟁률이 요즘 많이 낮은 편이라 합격할 만한 데 많아. 2 장 정도 쓰면 거의 합격할 거야."

"그럼, 국립으로 6장 써도 돼요?"

"응, 알았어. 국립으로 확률계산 해놓을게."

부모님 상담할 때, 아버님이 농대 계열을 좋아하셔서 상황 봐서 농대에 지원하기로 했다.

"잰잰아 다다랑 학교 작년 경쟁률이랑 입시 결과 조사 잘해. 다다 가 시키는 대로 잘하고."

"서서랑 같이하면 안 돼요? 서서랑도 겹치는데."

"왜 다다가 뭐라고 해?"

"네. 다다는 뭐라고 하는데 서서는 친절해요."

"알아서 하고 군산대는 너만 쓰니까. 잘 정리해놔."

"네. 근데 전에 성적 보니까 제 성적으로 충남대나 충북대는 붙은 사람이 없어요."

"응, 맞아. 너는 정말 잘 정리해놔야 해. 쌤이 봤을 때 사람들 지원하는 흐름 볼 수 있게."

잰잰이는 서서랑 다다와 함께 대학교 입시 결과 경쟁률을 조사했다. 서서와 다다는 성적이 좋아서 지원할 때 여유가 있었지만, 잰잰이는 성적이 낮아서 지원할 때, 눈치를 많이 봐야 했다.

다행히 수시 경쟁률이 잘 나왔다. 충남대 영농창업 생명환경화학과 4.57대1, 충북대 종합전형1 목재종이과학과 7.4대1, 한밭대 종합전형 도시공학과 3.8대1, 공주대 교과전형 스마트수산학과 4.17대1, 군산대 교과전형 토목공학과 3.23대1, 군산대 새만금인재전형 기계공학과 1.5대1로 지원했다.

같은 반에서 잰잰이보다 성적이 높은 친구들이 충북대, 한밭대에 많이 떨어졌는데, 잰잰이는 충북대, 한밭대, 군산대에 합격하여 최종으로 충북대에 입학했다. 부모님께서 많이 좋아하셨다.

같이 학원을 다니던 다다는 충남대 정보통신학과, 서서는 교통대 항공운항과, 현현이는 충북대, 해양대에 합격했다.

학원 다니면서 친하게 지내는 모습이 좋았던 친구들인데, 대학교가서도 계속 사이좋게 다녔으면 좋겠다. 대학에 가면 생각보다 친한친구를 만들기 쉽지 않다. 수시 발표가 끝나고, 카페에서 학원 친구들놀 자리를 종종 마련해주는데, 노는 모습이 보기 좋다.

엄마가 원서 쓰고 오래요

2017 일반전형 Y고 5.5점 동국대 통계학과

가끔 수시 원서가 남는 때도 있다. 내신 성적보다 수능 성적이 잘 나와서, 정시를 외치며 수시 지원 자체에 별생각이 없는 친구, 내신 성적이 나빠서 원서비가 아깝다는 친구 등등.

가끔 합격으로 인해 대학교의 입학전형에 영향을 미치는 경우가 있다. 우연히 일어난 일이겠지만 그런 경우가 있다.

"수호야 수업이다. 언제 오냐?"

"쌤, 오늘 머리 아파서 오늘 쉴게요.", "오늘 할머니 오셔서 수업 못 갈 거 같아요.", "오늘 마음이 너무 안 좋아서 오늘만 쉴게요.", "내일 지니가 수업시간에 가서 수업 들을게요.", "오늘만 빠지고 다음 시간에 미적, 기벡 다 풀고 갈게요."

우리 수호군은 마음이 안 좋아서, 피곤해서, 약속이 있어서 수업을 빠지곤 했다. 고2 때부터, 고3 9월까지 일관된 녀석이었다.

수호군 프로필

- 취미: 리그오브레전드, 오버워치, 축구, 풋살 등
- 키: 구부리고 다니다 피면 180cm
- 몸무게: 60kg
- 가정환경: 너그러운 신 부모님 아래서 행복한 고3
- 내신: 5점 중반

롤과 축구를 사랑하며, 의리로 똘똘 뭉친, 가녀린 외모로 도움을 주고 싶게 만드는 친구였다. 본능에 충실한 생활을 하는, 어느 학교든 1명쯤 볼 수 있는 속 편한 고3이다.

성적은 반에서 중간 조금 아래 위치한 녀석, 공부하면 잘할 거란 말을 즐겨 하고, 다음부터 열심히 할 거란 다짐을 매번 하는 친구. 선생으로 볼 때는 답답하지만, 그렇게 밉지 않은 친구다.

그런 수호가 원서 마감 날 4시 정도에 학원에 왔다.

"쌤, 엄마가 원서 남는 거 다 쓰고 오래요."
"몇 장 남았는데?"
"2~3장이요."

참 수호답다. 수시 경쟁률 최종을 보여준 후, 1시간 동안 학원 내에 있던 고3 학생들의 학과 배정이 끝난 상태였다. 배정하고 남은 게 10

개 정도 있다.

"어디 쓰고 싶어?"
"그냥, 좋아 보이는 데, 붙기 쉬운 거요?"

그전에 학원 다니는 친구들에게 남아있는 원서를 쓸지 물어본다.

"용범아 동국대 어느 학과 쓸래?"
"쌤, 저는 정시로 충남대 갈 겁니다."
"그래도 원서 남았으면 써라."
"아니에요. 수호 주세요."
"그냥 쓰지?"
"쌤, 저 공부 열심히 해서 충남대 가는 게 목표예요."
"알았어."

용범이한테 원서 써보라고 했지만, 수호한테 양보하기로 했다.

"수호야 동국대 통계학과 교과전형으로 써라."
"네, 피시방 가서 쓰고 올게요."

20분 뒤, "한서대, 헬리콥터 지역인재전형으로 써라."
또 20분 뒤, "쌤, 결제 안 돼서 고생하다 1분 남겨놓고 접수했어요."

"컨설팅비 안 냈잖아. 대학 붙으면 어떻게 할 거야?"

"쌤, 스포츠카 사드릴게요."

"엄마가 허락해야지."

바로 전화해서 엄마에게 이야기한다. 수화기 너머 어머님의 웃음소리 가득하다.

"알았어, 너 붙으면 내 차 팔고, 차 바꾼다."

7주 후 많은 대학에서 면접을 불렀다. 물론 부르고 싶어 부른 건 아닐 거다. 면접, 신체검사 마치고 나서 예비번호를 부여받았다. 충북대 4번, 한서대 2번, 동국대 4번.

크리스마스이브에 크리스마스 선물이 도착했다. '동국대 합격!' 본인이 가장 놀랐을 거다.

"쌤, 엄마가 피자랑 치킨 보내준다는데요."

"응, 알았어. 스포츠카는? 내 차 지금 팔아야겠다."

"쌤, 잠깐만 기다려보세요."

2년이 지났다. 얼마 전 패밀리카의 지존 카니발 뽑았다. 난 아직도 스포츠카를 기다리고 있다. 수호가 학원 올 때마다, 스포츠카 언제 사주느냐고 물어본다.

136

"기다려주세요."

그래도 감사하게 자주 찾아온다.

우연이겠지만 동국대는 다음 연도 교과전형이 학교장추천으로 바뀌었다.

한서대는 지역인재전형이 충남 지역(대전, 세종제외)에서 대전, 세종 포함한 충남, 충북으로 바뀌었다. 항공운항 관련학과의 경우 학력 미달 시 뽑지 않을 수 있다는 디테일한 설명이 추가되었다.

수호는 대학 1학년 마치고 입대를 했다. 제대 후 스포츠카 대신 아이들 드론을 가져왔다. 스포츠카는 나중에 돈 많이 벌면 사주기로 했다.

"기다릴게."

Chapter. 4

인서울 하고 싶어요!

내신 성적에 따라서 안정적으로 지원할 수 있는 대학이 결정된다. 안정적으로 원서를 쓰는 친구도 있지만, 재수해도 좋으니, 상향으로 6장을 쓰는 친구들도 있다. 특히 서울 내 대학을 원하는 친구들이 많다. 인서울을 적정으로 쓰기도 하지만, 상향, 초상향으로 쓰는 친구들도 많다.

시골 수학쌤은 인서울 대학은 내신 3.5점 이내인 경우 쓰는 걸 추천한다. 운이 좋아서 4점대 5점대 친구들이 붙는 경우도 있지만 내신 4점이 넘어가면 합격 확률이 급격하게 줄어든다. 상향으로 1장 많으면 2장 정도 써준다. 농어촌전형이나 다른 특수전형이 있는 경우는 합격 확률이 높아지긴 하지만 그래도 많이 쓰진 않는다.

재수해도 돼요

2019 농어촌전형 HM고 내신 3.7점 한양대 건축 GIST

    현재 내가 운영하는 시골 학원에 다니는 친구 중 반 정도는 농어촌전형을 쓸 수 있다. 하지만 일반적으로 원서 쓰는 사람들은 농어촌전형이 얼마나 좋은지 모르는 경우가 많다. 학생의 성적마다 원하는 대학, 학과가 다르고 지원 전략이 다르다. 인서울 대학을 지원할 때 일반적인 학생은 학교당 2~3개 정도를 지원할 수 있다. 하지만 농어촌전형이나 특수전형이 가능한 경우 원서 쓰는 선택권이 1개 더 늘어난다. 인서울은 눈치작전이 치열하지만, 농어촌전형은 지원자 수가 줄어드는 추세이고 일반전형보다는 눈치작전이 치열하지 않다.

    림림이는 중학교 2학년 때 학원에 왔다. 공부에 욕심이 많고 열심히 하던 친구였다. 경기도에 HM고에 입학하고, 내신은 3.7점 정도 나왔다. 내신 경쟁이 치열해서 내신이 좋지는 못했지만, 열심히 공부했다. 부모님과 림림이는 인서울 건·동·홍·숙 이상의 학교에 원서 쓰길 원했고, 안 되면 재수도 생각하는 상황이었다.

"어머님 림림이 원서 어디부터 쓰고 싶으세요?"

"중·경·외·시 이상은 갔으면 좋겠어요."

"현실적으로 확률이 낮아서 국·숭·세·단 라인부터 써도 붙는다는 보장은 없습니다."

"건·동·홍 아래는 정시로 가면 되니까, 수시는 중·경·외·시 이상으로 썼으면 좋겠어요."

"림림이 현재 수능 성적으론 국·숭·세·단도 정시로 간다는 보장은 없습니다."

"그래도 애가 열심히 공부했는데 중·경·외·시 이상은 갔으면 좋겠어요. 안 되면 재수도 생각하고 있으니까 중·경·외·시 이상만 원서 써주셨으면 해요."

"알겠습니다. 농어촌전형 되니까 경쟁률만 보고 원서 쓸 겁니다. 학과는 선택권이 없을 거 같고요. 어느 학과 쓸지 모르니까 자기소개서는 기계공학과, 건축학과, 생명 관련 학과로 해서 세 가지 버전은 필요하니까 준비해주세요."

수능 준비 때문에 림림이는 학교에 있고, 어머니를 통해서 자기소개서 첨삭을 진행했다.

"어머님 자기소개서 본인이 쓴 거 맞나요?"

"왜요? 이상한가요?"

"휠체어에서 충전한 전기로 휠체어를 작동할 수는 없습니다. 자기소개서 읽은 입사관이 좋게 볼 수 없습니다."

"그것만 바꾸면 되나요?"

"나이에 따라서 글 쓰는 게 다릅니다. 단어 선택, 글 호흡이 차이가 나서 학생이 쓴 글과 성인이 쓴 글이 차이가 납니다."

"아이가 자기소개서를 너무 못 써서 제가 손 좀 봤어요."

"소재가 좋으니까, 학생이 쓴 원래 자기소개서 보내주세요. 림림이가 첨삭 내용 수정하는 게 좋을 거 같습니다."

"이게 원래 림림이가 쓴 자기소개서예요. 자기소개서 이렇게 써도 되나요? 활동 중에 제대로 결과 나온 게 없어서요. 잘 안 된 활동들만 있어요."

"자기소개서 잘 썼네요. 활동 계획하고 진행하면서 실패하고, 잘못된 점들 파악하고 보완하면서 실험하는 과정이 의미 있습니다. 첨삭 진행하면 많이 좋아질 겁니다."

자기소개서는 림림이가 쓴 글을 기준으로 첨삭을 진행했다. 이후 9월 초에 원서 쓰는 기간 동안 수능 준비 때문에 림림이는 학교에 있고, 수시 원서지원은 집에서 하기로 했다.

"원서 쓰는 기간 동안 림림이가 학원에 있는 게 좋죠. 다른 친구들도 경쟁률 조사하면서 학원에 있을 겁니다."

"수시 안 되면 정시로 가야 하는데, 수시 원서 쓴다고 1주일 동안 공부 소홀하면 안 될 거 같아서요."

"원서 쓸 때, 지스터디랩으로 오라고 하는데, 어머님이 오실 건가요?"

"여기 안 오고 전화나 문자로 할 수 있을까요?"

"서·성·한·중·경·외·시에 쓰게 되면 원서 접수 5일 중에서 4~5일 차에 원서 쓰게 되니까, 4일 차에 원서 많이 쓸 것 같습니다. 원서 쓸 때 전화 드리고 학과랑 전형은 문자로 보내드릴게요."

"내신이 낮아서 종합전형으로 쓰는 거죠?"

"림림이 경우는 원래 성적보다 많이 높여서 쓰는 거라. 농어촌전형만 쓸 것 같습니다."

"모집인원 보니까 농어촌전형은 1~2명밖에 안 뽑던데, 써도 되나요?"

"일반적인 농어촌형 쓰는 학생보다 림림이 생기부 기록 상태가 좋고, 자기소개서도 잘 썼습니다. 일반 종합전형은 경쟁률이 너무 높아서 1차 붙는다는 보장 없는데, 그나마 농어촌전형은 경쟁률 낮은 학과가 조금 더 나옵니다. 일단 1차 붙는다는 생각으로 원서 쓰고, 면접 가서 잘하면 됩니다."

한양대 교과전형 전기생체공학부, 한양대 고른기회전형 농어촌 건축공학, 이화여대 미래인재전형 사이버보안전공, 중앙대 고른기회전형 농어촌 건축공학과, 고려대 고른기회전형 농어촌 사회환경시스템, 경희대 농어촌전형 한약학과에 지원했다.

서·성·한·중·경·외·시 위주로 지원하고, 고려대는 최저 3 합 6 전형에 지원했다. 경쟁률이 잘 나왔고, 한양대 건축공학, 경희대 한약학과에 합격했다. 특수대학인 GIST도 합격했지만, 최종으로 한양대 건축공학과에 입학했다.

중학교 때까지 전교권에서 성적 나오다 명문고 진학해서 성적이 안 나오는 경우를 종종 본다. 림림이 같은 경우, 어머님이 재수해도 좋다며, 중·경·외·시 이상은 가야 한다고 하셔서 무리해서 원서를 썼지만, 일반적으로 추천해드리진 않는다. 재수해도 좋다고 하시는 어머님은 많지만, 학생 본인은 원하지 않는 경우도 많아서 학생이 원하지 않는 경우 수시 지원에 도움을 드리지 않는다.

명문고에서 1학년 1학기 마치고 낮은 내신 때문에 대학교 걱정을 하는 경우를 많이 본다. 일반적으로 어머님들이 아이들에게 조금 더 열심히 하라고 하시는데, 성적이 나오지 않으면 아이들이 열심히 하기 힘들다. 명문고에서 열심히 공부해서 성적이 극적으로 변하는 경우는 거의 못 봤다. 모의고사 성적이 월등히 잘 나오는 경우는 정시를 추천하지만, 내신 받기 쉬운 학교로 전학을 권하기도 한다.

재수해도 돼요!!

2021 농어촌전형 Y고 내신 3.5점 한국외대 이탈리아어과

영영이 어머님께서 아버님이 내년에 미국 군무관으로 발령 예정으로 서울 내 대학만 원서 써달라고 부탁하셨다. 내신 3.5점으로 주요 대학에 붙기 어려운 상태였지만, 이번에 떨어져도 내년에 미국 대학 입학할 수 있어서 상향으로 쓰기로 했다.

생기부 기록 상태, 자기소개서 준비는 잘돼있었고, 혹시 정시로 넘어갈 경우를 생각해서 수능 준비도 열심히 해놨다. 농어촌전형, 최저 전형 학과는 어학계열 위주로 쓰기로 했다.

"어머님 영영이는 수시 접수 4일 차에 학원으로 보내시면 그때 원서 접수할게요."

"영영이가 아는 친구들 없다고 해서요. 전화나 문자로 보내주시면 안 될까요?"

"네, 알겠습니다. 경쟁률 보고 하는 거라 4일 차 마감이 많아서 그

때 많이 쓸 건데, 전날에 경쟁률 낮은 거 1장 미리 쓸 수도 있습니다."

"네, 원서 쓰는 건 애들이 할 수 있죠?"

"어렵지 않고요, 아마 전날 1장 쓰게 되면, 공통 화면으로 다른 원서 쓸 때는 시간 오래 안 걸립니다."

"준비할 거 따로 있나요?"

"농어촌전형 6년이니까 부모님과 영영이 주소지 나온 거 6부 준비하시고, 학교 행정실 가서 고등학교 생기부, 중학교 생기부도 6부씩 준비해주세요."

"전부 농어촌전형으로 쓰나요?"

"6장 모두 상향으로 쓰는 상황이라 거의 농어촌전형으로 쓸 거 같습니다."

"최저 있는 것도 있나요?"

"이화여대 농어촌전형은 최저 있어서 3 합 7은 해야 합니다."

"이화여대를 써도 되나요?"

"이화여대는 최저 맞추는 비율이 낮아서 경쟁률 낮고, 최저 만족하면 합격 확률이 높은 편입니다."

한국외대 농어촌전형 이탈리아어과, 고른기회전형 노어과, 중앙대 농어촌전형 러시아, 시립대 농어촌전형 중어중문학과에 지원하고 수능 때까지 학원에서 열심히 공부했다.

수능 끝나고 면접 다녀왔고, 예비 1번을 받았다. 수시 발표 마감 전날까지 붙은 대학이 없었다. 수시 발표 마지막 날 7시에 어머니에게 전화가 왔다. 한국외대 이탈리아어과 최종 합격했다.

수시 합격자 확인 후 수만휘에서 한국외대 같은 전형, 같은 과에 붙은 친구에게 쪽지를 보냈더니, 앞번호 친구가 교대에 붙으면 빠질 거라 이야기했다. 한국외대는 미국 대학에 교환학생으로 공부할 수 있다고 좋아하셨다.

국민대는 농어촌 12년만 돼요

2023 농어촌전형 G고 내신 3.9점 국민대

시골 학원이 있는 지역은 군인 가족이 많고, 여러 지역에서 온 친구들이 많다. 부모님 고향이 서울 쪽이거나 다음 발령지가 서울인 경우 인서울 원하는 친구들이 많다.

하하는 성적이 조금 부족하지만, 농어촌전형이 되고, 여대도 지원하고 싶어 하는 친구라 안정으로 공주대 1장을 쓰고 나머지 5장은 서울권으로 쓰기로 했다.

"하하야 지금 내신이 3.9점이라서 높게 써봐야 국민대 정도 쓸 거같아. 농어촌전형 12년 되니?"

"계속 면 지역 살아서 12년 될 거예요."

"다행이다. 국민대는 농어촌전형 12년만 돼서, 여기는 쓸 만할 거같아. 아래쪽은 광운대나 가천대, 여대 시리즈 있는데, 어디가 좋아?"

"광운대랑 여대 중에 어디가 세요?"

"농어촌전형 쓰면 여대가 유리할 거야."

"여대는 어디까지 쓸 수 있어요?"

"숙명여대는 지금 성적으론 너무 높고, 성신여대, 서울여대, 동덕여대, 덕성여대 정도는 쓸 만해."

"서울 안에 있으면 좋아요."

"안정으론 어디 쓰고 싶니?"

"쓸 만한 데 있을까요?"

"충남대는 안정으로 쓰긴 너무 높고, 한밭대는 학과가 별로 없어서, 공주대는 어느 정도 안전하게 쓸 수 있어."

"공주대면 좋죠. 6개 이렇게 결정하면 돼요?"

"상황 봐서 다른 데 쓸 수도 있는데 이 정도 잡아놓고, 혹시 서울 쪽 5장 쓰기 힘들면 1장은 충남대 쓸래?"

"충남대랑 동덕여대 중에 어디가 더 힘들어요?"

"수시 때 충남대는 힘들어서, 농어촌전형 쓰면 쌤은 여대가 원서 쓰기가 편한 거 같아."

"그럼 될 수 있으면 서울 쪽으로 쓰고 싶어요."

"대신 학과는 상황 봐서 써야 할 거야. 대개 어문계열이 낮은 편이야. 인서울이면 일본어나 중국어, 독일어, 러시아어과 상관없어?"

"언어 쪽 좋아요. 다른 학과도 쓸 수 있어요?"

"일단 원서 마감날 경쟁률 보고 결정되는 거라 어떤 과를 쓸지 몰라. 예전에는 회계학과도 쓴 적 있어."

"회계나 경영보다는 어학이 좋을 거 같아요."

"일단 최저 없으니까 자기소개서 중국어과, 지리학과로 2개 써놔.

원서 쓰고 나서 수정해야 하니까 충분히 써놔."

원서 마감 날 국민대 농어촌전형 중국학부, 성신여대 고른기회전형 중국어문화학과, 덕성여대 농어촌전형, 공주대 불어불문학과 원서 4장을 먼저 썼다.

"하하야 지금 공주대는 거의 붙을 거 같아. 서울여대, 동덕여대는 애매해서 차라리 상향으로 쓰자."
"상향 어디요?"
"예연이가 숙명여대, 동국대 썼는데, 농어촌전형 보니까 문과 경쟁률이 좋아 보여서. 숙명여대 가족자원경영, 동국대 지리학과로."
"너무 높지 않아요? 붙을 수 있어요?"
"붙는 건 모르고 지금 경쟁률로 마감되면 면접까지는 갈 거 같아."
"네, 너무 좋죠."
"경쟁률 잘 마감했으면 좋겠다."

이번 해 인서울 쓴 학생 중에 최종 경쟁률이 가장 잘 나왔다. 숙명여대 농어촌전형 가족자원경영과 4.5대1, 동국대 고른기회전형 지리교육과 6.5대1, 국민대 농어촌전형 중국학부 4.33대1, 성신여대 고른기회1 중어중문화학과 3.67대1, 공주대 농어촌전형 불어불문학과 4대1.
학원에 계속 찾아와서 면접을 준비했고, 동국대와 국민대 면접에 다녀왔다. 국민대, 덕성여대, 공주대에 최종 합격, 국민대에 입학했다.

농어촌전형이 없는 경우에 내신 3점 후반 친구들은 인서울 학과를 추천하지 않는다. 상향으로 1장이나 여학생이면 낮은 여대 포함해서 1~2장 쓴다. 농어촌전형이 없는 경우 내신 3점 초중반은 돼야 어느 정도 확률 높게 지원할 수 있다.

Y고 vs G고
2021 일반전형 G고 3.15점, Y고 3.16점 국민대

이 지역에서는 Y고에 대한 학부모님의 선호도가 높다. 반면 G고는 공부를 잘하는 친구에게 추천하면 학원을 그만두는 어머님들도 있을 정도로 안 좋아하신다. 상담 중에 G고를 추천해드리면, "같은 성적이면 Y고가 대학에 더 잘 가지 않나요?"라고 물어보시는 분들도 많다. 그럴 때는 "똑같은 내신이면 Y고나 G고나 대학은 거의 비슷하게 갑니다"라고 말씀드린다.

원서 쓸 때, 학생성적이 다양한 만큼 같은 과를 쓰는 경우도 거의 없다. 하지만 농어촌전형도 없고, 쓸 수 있는 전형, 내신 성적, 선호하는 학과도 거의 같던 태태랑 웅웅이는 같이 썼다.

일반적으로 성적이 차이 나는 경우, 성적순으로 학과를 고르게 한다. 성적이 낮은 친구는 다른 친구를 피해서 선택한다. 반면 태태랑 웅웅이는 광운대와 국민대에 똑같은 전형, 학과에 같이 지원했다.

전년도에 국민대 지능전자공학과는 학교장추천이 최저가 있었다. 그런데 이번에 학교생활우수자전형 최저가 없어졌다. 특히 전년도에 지능전자공학과 입시 결과가 2점 초반에 형성되어서 이번 연도에 지원자가 많이 적었다. 원서를 쓸 때, 인서울 특수전형을 제외하고 마지막 원서 접수 전 경쟁률이 2대1도 안 됐다.

최종 경쟁률은 2.33대1로 끝났다. 태태는 최초합, 웅웅이는 앞쪽 예비 받고 둘 다 국민대에 합격했다.

작년도 입시 결과에 따라 그다음 해에 입시 결과가 요동치는 경우가 많다. 인기학과는 경쟁률이 차이가 나도 입시 결과는 차이 나지 않는 경우가 많다. 하지만 비인기학과는 전년도 입시 결과가 비정상적으로 높거나 낮은 경우, 다음 해에 큰 변화 생기는 경우를 자주 본다.

일반적으로 입시상담은 작년 입시 결과를 기준으로 한다. 작년에 입시 결과가 낮았던 학과를 전국 대부분 입시상담에서 추천받게 돼, 지원자가 몰리는 경우가 많다. 반대로 입시 결과가 아주 높은 경우 다음 해에 경쟁률이 낮고, 입시 결과가 크게 낮아지는 경우도 있다.

2021학년도에 5점대 정정이가 충남대 교과전형 중어중문학과에 합격하고, 2022학년도에 경쟁률이 높아져 3점 중반대에서 합격 컷이 결정됐다.

시골 수학쌤은 작년 입시 결과가 특별히 낮았던 학과는 거의 지원하지 않는다.

이과 내신 3점 vs 문과 내신 3점

2021 일반전형 G고 문과 2.9점

시골 수학쌤이 원서를 쓸 때 가장 좋아하는 성적대는 이과 내신 3점 근처다. 학생 본인의 기대치가 그리 높지 않다. 지거국(지방 거점 국립대)이나 인서울 경기권 대학을 원하는 친구들이 많고, 입시 결과도 인서울 확률이 높은 편이다. 반면 가장 힘든 성적대는 문과 내신 3점 근처다. 문과 친구들은 학과보다 인서울이 목표인 경우가 많은데 문과 인서울은 원서 쓰기가 만만치 않다.

기본적으로 인서울 일반전형은 눈치작전이 심한데, 특히 문과가 이과보다 더 심하다. 인서울 경기권 대학 문과 일반전형은 기본 경쟁률이 10대1부터 시작한다. 특히 경쟁률이 5대1 정도였던 학과가 원서 마감 전 20대1이 넘는 경우도 많아서 원서 쓰기가 어렵다. 경쟁률을 마지막 날까지 보면 인서울 경쟁률도 높지만, 경기권은 경쟁률이 훨씬 높아서 차라리 인서울을 쓰는 경우도 많다.

G고 내신 2.87점, 2.9점인 예예와 유유는 모의고사 성적이 나오지 않아서 최저 없는 학교만 쓰기로 했다. 농어촌전형이 없어서 군자녀전형, 일반전형만 지원하기로 했다. 예예는 안정으로 고려대 세종캠을 지원하기로 했고, 나머지는 충남대와 국민대, 여대 라인으로 결정했다. 유유는 충남대와 국·숭·세·단, 여대를 싫어해서 광·명·상·가에 지원하기를 원했다.

예예와 유유는 마감날 경쟁률 보고 지원했고, 예예는 충남대, 고려대세종대, 국민대, 서울여대, 숙명여대에 지원했다. 특히 국민대 재무금융과는 학교장추천전형으로 전년도(2020)에는 최저가 있고 경쟁률이 높았는데, 이번 연도(2021)에는 최저가 없는 전형으로 바뀌어서 경쟁률이 낮아서 최종 국민대, 충남대에 합격했다.

유유는 한국외대, 국민대, 인하대, 가톨릭대, 명지대, 충남대에 지원했고, 유유가 안정으로 명지대를 쓰길 원했다. 명지대 1차 불합격하고, 나머지는 면접을 다녀왔다. 예예와 같은 전형으로 국민대 유라시아과, 가톨릭대에 합격했다.

문과는 이과에 비해서 합격률이 낮아 원서를 쓸 때, 이과보다는 안정적으로 조심스럽게 쓴다. 인서울이나 경기권에 안정을 쓸 때, 너무 낮은 학과에 쓰면 입구 컷 당하는 경우도 많이 본다. 특히 2점 후반 친구가 명지대 쓰는 경우, 성적이 높아서 1차에서 떨어진다. 같은 해에 내신 4점 중반인 친구는 명지대에 최초합 했다.

동국대 vs 충남대
2020 일반전형 Y고 내신 3.01점

    시골 학원에서 원서를 쓰다 보면 서울 내 대학과 충남대에 같이 붙는 경우 어디에 입학할지 고민하는 경우를 자주 본다. 이때 스카이, 서·성·한, 중·경·외·시의 주요 대학에 붙는 경우는 거의 서울 주요 대학에 입학한다.

    일반적으로 시골 학원 학생은 서울을 선호하지만, 학부모님은 경제적인 이유나 학교에 대한 인식이 서울 부모님과 달라서 주요 대학이 아니면 아이가 충남대에 진학하기를 원하는 분들이 많다.

    "국민대랑 충남대 둘 다 붙으면 어디 갈래?" 이 질문에 대답하기 어려운 시골 학생은 원서 쓸 때, 충남대와 상향으로 국민대, 숭실대, 세종대, 단국대보다 건·동·홍 라인으로 쓰는 경우가 많다.

    혁혁이는 Y고 내신 3점으로 충남대 기계공학과, 항공우주공학과에 가고 싶어 해서 교과전형와 종합전형으로 2장 쓰기로 하고 나머지는 서울권으로 원서를 쓰기로 했다.

"충남대 교과전형이나 지역인재전형은 최저 있어서 지금 성적이면 기계공학과, 항공우주공학과 중에 하나는 거의 붙을 거 같아."

"종합전형도 2개 중에 하나는 쓰는 거죠?"

"응, 맞아. 같은 과 쓸 수도 있는데, 다른 과로 쓸 수도 있어. 생기부가 기계, 물리 쪽이라 종합전형도 좋아 보여."

"서울은 어디 썼어요?"

"충남대는 정시로도 갈 수 있으니까, 쓰고 싶은 데로 쓰면 돼. 내신 3 일반전형이면 국·숭·세·단 라인 정도."

"국민대나 숭실대는 붙어도 충남대 갈 거 같은데요?"

"그럼 어디 쓰고 싶어?"

"건·동·홍 라인 정도로 쓰고 싶어요."

"일반전형으로 쓰는 거라 최저 있는 게 확률이 높아. 홍익대 최저 맞출 수 있니?"

"잘 모르겠는데요. 하나 써도 되죠?"

"잘 모르는 게 아니라 맞춰야지 원서를 쓰지."

"열심히 해볼게요. 탐구 1개 1등급 맞으면 최저 될 거예요."

"수학이든 물리든 한 과목만 1등급 맞추면 최저 하니까 공부 열심히 해. 나머지는 상황 봐서 동국대, 건국대, 경희대 중에서 쓰자."

수시 원서 쓰면서 충남대 항공우주공학과 종합 9.5대1, 교과일반 8.29대1 1장씩 쓰고, 해양안보학과 4.59대1을 썼다.

인서울은 동국대 학교장추천전형 멀티미디어공학과 3대1, 홍익대 학교생활우수전형 토목공학과 5.56대1을 썼다. 안정으로 한서대 지역인재전형 무인항공기과 2.6대1에 지원했다.

홍익대와 충남대 해양안보학과는 최저를 못 맞췄고, 동국대는 예비 3번, 충남대는 예비 17번 떴다.

1차 추가 합격에서 동국대 합격하고, 충남대 물리학과에 합격한 현현이랑 학원에 찾아왔다.

"축하해 인서울 하는구나, 현현이도 결국엔 충남대 합격했네."

"감사해요. 충남대 종합 예비 거의 와서 충남대 붙으면 어떻게 할까 고민 중이에요."

"충남대 붙으면 동국대 포기하려고?"

"동국대만 붙었을 때는 별생각 없었는데, 엄마가 충남대 어떠냐고 해서요."

"국민대랑 충남대에서 충남대 선택하는 경우는 봤는데, 동국대는 포기하면 아깝지 않을까? 어머님이 별로 안 좋아하시니?"

"엄마가 서울에 가서 혼자 살 수 있냐고 하셔서요."

"쌤은 동국대가 좋아 보여. 일단 오늘은 애들이랑 놀고 내일 합격자 발표하면 고민해봐. 밥 안 먹었지? 쌤도 밥 안 먹었으니까 짜장면이나 먹자."

다음날 충남대에 합격했고, 혁혁이는 동국대를 포기하고 충남대에 등록했다.

입학하기 전에는 합격했다는 기쁨으로 동국대 포기한 걸 아쉬워하지 않았지만, 대학 생활을 하면서 서울 간 친구들 보며 후회하는 모습을 자주 봤다.

수시 최초 발표하고, 추가 합격자 발표할 때, 등록 우선순위를 미리 정해야 한다. 그렇기에 원서를 쓸 때 가장 중요한 게 바로 명확한 우선순위를 가지고 있는 것이다.

동국대에 붙고 학원에 올 때만 해도, 혁혁이가 동국대와 충남대 중에서 동국대를 포기할 거라 생각하지 못했다. 대학 다니면서 자신의 선택에 후회하는 모습을 보면서 조금 더 강하게 조언해야 했나 생각했다.

2022학년도 같은 고등학교 후배 시환이는 내신 3.5점으로 국민대 정보보안암호수학과, 충남대에 붙었고, 아무런 고민 없이 국민대에 입학했다.

국민대 vs 충남대

2023 일반전형 G고 내신 3.57점

　빈빈이는 중2 때부터 학원에 다녔다. 걱정이 많고, 선생님에게 많이 의지하는 친구다. 고등학교도 추천해준 대로 G고 진학하고, 성실히 공부해서 내신은 3점 중반으로 마감했다. 충남대에 가길 원했는데, 수능 최저 3 합 12를 맞추기 힘들어서 충남대 종합전형 1장 쓰고 4장은 다른 국립대, 1장은 인서울을 쓰기로 결정했다.

　"빈빈아 최저는 어느 정도 나와?"
　"수학은 4등급, 영어 4등급 정도 나와요."
　"국어랑 탐구는?"
　"국어도 3, 4등급 정도 나오는데, 탐구는 이제 해야 할 거 같아요."
　"충남대는 수영탐 12인데 할 만하니?"
　"국영수 하면 좋은데, 최저 못 맞추면 어떡하죠?"
　"못 맞추면 충남대 프리즘만 쓰면 되지, 일단 9월 모고 보고 충남대

1장 쓸지 2장 쓸지 결정하자."

"최저 못 맞추면 어떡해요?"

"정 불안하면 최저 맞출 수 있는 전형만 쓰면 돼."

"최저 맞출 확률이 어느 정도 되면 최저 써요?"

"상황마다 다른데, 초 상향 대학에 최저 맞췄다고 가정하면 높으면 30% 정도 쓰지. 근데 최저 없이도 갈 수 있는 대학이면 최저 맞출 확률이 70% 이상은 돼야지."

"충남대 최저 맞출 확률이 50%면 어떡하죠?"

"충남대면 교과전형이나 지역인재전형 말고 종합전형만 쓰고, 차라리 충북대나 전북대 쓰는 게 좋을 거 같은데?"

8월 중순에 대학교를 결정하러 빈빈이와 어머님이 상담에 왔다. 어머님께서는 대전에 있는 국립대학교 진학을 원하셨고 재수는 안 된다고 안전하게 지원하길 바라셨다.

"빈빈아 안정으로 한밭대 1장 쓰면 거의 붙을 거 같은데, 나머지는 충남대나 충북대 쓰면 어떠니?"

"다 떨어지면 어떡하죠? 한밭대 하나면 불안해서요."

"일단 한밭대는 어디를 써도 거의 붙을 거야. 정 불안하면 공주대 하나 써도 되고."

"충남대는 붙기 어렵지 않나요? 너무 불안해서요."

"지금 성적으로 붙을 수 있는 확률이 낮은 건 사실인데, 경쟁률 잘 찾아보면 확률 높일 수 있어."

"대학교 다 떨어지면 어떡하죠? 재수하는 건 정말 싫어요. 안전하게 붙는 방법이 없어요?"

"빈빈아 정 불안하면 간호학과 쓸래?"

"간호학과 높지 않아요?"

"요즘은 전문대도 4년제라서 간호사 자격증이 나와. 전문대는 수시 장수 제한이 없어서 작년에 전문대 간호학과만 20장 쓴 친구도 있어."

"그럼, 재수는 안 하겠죠?"

"응, 재수는 절대 안 하니까. 간호학과랑 한밭대, 공주대 쓰고 나머지 4장은 상향으로 쓰면 될 거야."

원서 마감 후 경쟁률도 잘 나왔다. 국민대 학교생활우수자전형 나노전자물리과 4.11대1, 충남대 종합전형(프리즘) 유기재료공학과 7.17대1, 전북대 교과전형 생물환경화학 4.54대1, 충북대, 공주대, 한밭대에 지원했다.

전북대는 2 합 8 수학 포함, 공주대 일반전형 3 합 14 최저 준비로 수능을 준비하면서 면접 준비도 착실히 했다. 수능 보기 전에 전문대 지원했던 간호학과 중 몇 개는 이미 붙었고, 대전과기대, 대전보건대 간호학과는 합격할 수 있는 예비 번호를 받았다.

합격자 발표할 때, 한밭대, 공주대, 전북대는 최초합 했고, 국민대는 예비 4번, 충남대는 예비 9번, 충북대 예비 11번 받았다.

국민대는 2차 추합에 합격하고 기뻐서 연락이 왔다. 국민대 등록하고 내일 충남대 합격하면 어떻게 할지 이야기했다.

"쌤, 국민대 붙었어요. 어떡해요?"

"축하해, 잘됐네. 이제 서울 가는 거야?"

"충남대는 아직 예비라서 어떻게 해야 할지 모르겠어요. 충남대 안 붙으면 서울 가야겠죠?"

"응, 서울 가야지. 충남대 붙어도 국민대는 나쁘지 않아."

"근데 엄마가 저 혼자 서울 가는 거 걱정하셔서요."

"빈빈이도 걱정 많이 되지? 처음엔 어떻게 할지 몰라도 서울 가서 살다 보면 적응될 거야."

"저 서울 가도 괜찮겠죠?"

"걱정인형 서울 가도 잘할 거야. 그리고 충남대도 지금 합격권이니 까 내일이나 모레 합격할 거 같아."

다음 날 충남대에 합격하고, 국민대 등록을 포기했다. 나중에 어머 님이 국민대만 붙었을 때, 빈빈이가 혼자 서울 생활하는 것, 대학 다 니는 비용 때문에 많이 걱정했다는 이야기를 전해 들었다.

지방에서는 서울에 합격하고도, 충남대에 입학하는 경우를 종종 본다. 아이 혼자 서울 생활하는 게 걱정되는 경우, 등록금, 주거비 등 추가되는 비용 때문에 통학할 수 있고, 등록금 부담이 적은 국립대를 선택한다.

한국외대 vs 한국전통대

2018 일반전형 G고 내신 2.5점

"리리야 한국외대 붙었지? 축하해."

"감사해요. 그런데 가야 할지 고민 중이에요."

"왜? 서울 가고 싶어 했잖아."

"대학교 다니면서 등록금, 생활비 하려면 평균적으로 한 달에 최소 150만 원 정도 필요한데, 계속 아르바이트하면서 학교 다녀야 할 거 같아서요."

"쌤은 리리가 서울 살면서 아르바이트도 하고, 대학교 졸업장도 받았으면 해."

"서울 가서 기숙사 나오면 반지하에서 계속 살아야 할 거 같아요. 졸업하고 서울에서 취직해도 비슷할 거 같고요. 지금 서울 가면 10년 이상 반지하 살면서 계속 일할 거 같아요. 확실하게 취직된다는 보장도 없고요."

"리리는 어떻게 했으면 좋겠니?"

"한국전통문화대 붙었는데 거기 갈까 생각 중이에요."

"전통대 국립이지?"

"네. 국립이고, 장학금, 기숙사 잘돼 있어서 학교 다니면서 대출은 안 받아도 될 거 같아요. 취직도 관련 재단이 많아서 어렵지 않다고 들었어요."

리리는 원래 똑 부러지는 친구다. 뭐든지 열심히 하고, 공부도 최선을 다했다. 일반적으로 한국외대와 한국전통대를 비교하면 많은 사람이 한국외대를 선택할 것 같다. 하지만 상황에 따라서는 한국전통대를 선택하는 것도 나쁘지 않은 것 같다.

나 또한 '반지하'란 단어만 안 들었어도, 한국외대 가라고 설득했을 것 같다.

학원에 다니는 대부분이 서울에 가기 원한다. 경제적으로 문제없는 경우 대부분 서울로 진학하지만, 그렇지 못한 경우도 많이 본다.

경제적 부담이 없고, 서울로 가고 싶어 하는 친구는 열심히 공부했으면 좋겠다. 집에서 대학 4년을 도와줄 수 있는 걸 감사해야 한다. 일반적으로 공부가 부족해서, 노력이 부족한 친구들이 서울로 대학을 못 가는 경우가 많다. 경제적인 문제로 한국외대를 포기한 친구 마음을 헤아려보면 어땠을지 너무 안타깝다.

농어촌 이과 내신 3점 근처 (1)

2021 농어촌전형 M고 2.8점 건국대, 숙명여대, 국민대

현현이는 정현쌤 동생으로 고2 때 학원에 왔다. M고에서 학교생활
도 잘하고 내신도 잘 챙겨서 2점 후반으로 마감했다. 학생이나 어머
님 모두 인서울 학교에 진학하길 원했다. 농어촌전형 12년, 6년 모두
가능해서 인서울 대학은 농어촌전형 위주로 쓰기로 했다.

"현현아 안정은 어디 쓰고 싶어?"

"안정으로 충남대 써도 돼요?"

"지금 내신이 좋아서 눈치 조금만 봐도 될 거 같아. 지원자 중에서
성적이 좋은 편이라서 컴퓨터공학과 빼고 경쟁률만 너무 높지 않으
면 안정이야."

"서울에서도 안정 있나요?"

"국민대 농어촌전형은 12년만 돼서 경쟁률 너무 높은 것만 피하면
안정이야."

"나머지는 상향 써도 돼요? 좀 불안해서요."

"쌤 생각엔 다 상향 써도 되고, 아니면 숭실대 농어촌전형 1장 더 쓰면 안전하긴 해."

"경희대 써도 돼요?"

"경희대는 공대가 전부 수원에 있어서, 정보디스플레이공학, 자연대만 서울에 있어. 지금 성적은 부족한 편인데 어차피 상향 쓰는 거면 1장 써도 돼."

"나머지는 어디 쓸까요?"

"건국대, 동국대, 숙명여대 중에서 2장 정도 쓰면 될 거 같아."

"쌤, 저는 경쟁률 조사 뭐하면 돼요?"

"중·경·외·시부터 국민대까지 농어촌전형만 첫날부터 시간대별로 정리해. 어차피 수능 준비 안 하잖아."

"수능 아예 안 봐도 돼요?"

"원서 쓰고 경쟁률 보고 잘 나왔다 싶으면 수능 준비 안 해도 돼. 지금은 자기소개서 열심히 준비해."

정현쌤이 학원 학생들 첨삭을 친절하게 도와주는데, 친동생이라 그런지 현현이한테는 더 심하게 대하는 느낌이었다. 처음에는 첨삭 시간에 잘 왔는데, 점점 학교에서 쓴다며 자주 안 왔다. 원서 접수 1주일 전에 현현이가 정현쌤한테 첨삭을 받고 기분이 안 좋아 보였다.

"정현쌤, 현현이한테 좀 심한 거 같아."

"쌤, 저 현현이한테 뭐라고 안 했어요."

옆에 있던 윤지쌤이 한마디했다.

"눈빛부터 뭐라고 하고 있어."

정현쌤이 친언니라 첨삭 받는 게 불편했는지 학교에서 담임 선생님과 학년주임 선생님에게 첨삭을 받아왔는데, 자기소개서 상태가 안좋았다. 원서 접수하고 제출해야 하는데 상태가 안 좋아서 정현쌤이 다시 첨삭하고 시간 내에 제출했다.

"현현아 학교쌤이 봐주는 거 이상하면 바로 와야지, 지금 오면 어떡해."
"언니가 잘 봐주지도 않고, 자꾸 뭐라고만 해서요."
"언니가 다른 사람보다 신경 써서 봐주는 거야. 잘됐으면 하는 마음에서 뭐라고 하는 거야."

충남대 프리즘 전파정보통신과 12대1, 국민대 농어촌전형 자동차 IT 융합학과 3대1, 숭실대 농어촌 전자정보공학과 5.25대1, 동국대 학교장추천전형 정보통신공학과 6.7대1, 건국대 농어촌전형 산업공학과 9대1, 경희대 농어촌 정보디스플레이과 4.25대1에 원서를 썼다. 경쟁률이 잘 나와서 국민대와 숭실대는 큰 문제 없으면 합격이 가능해 보였고, 충남대와 동국대는 경쟁률이 조금 높지만 괜찮아 보였다.

숭실대, 국민대, 충남대는 최초합 했고, 동국대, 건국대, 경희대는 예비번호를 받았다. 수시 발표 마지막 날 건국대에 합격했고, 건국대 산업공학과에 입학했다.

입시 관련해서 가족이 도와주는 경우가 많다. 입시를 경험한 형제와 부모님이 컨설팅, 입시자료, 주변 지인을 통해서 정보를 얻고, 이를 바탕으로 원서를 쓰는 경우를 많이 본다. 이때, 그 학생을 객관적 기준보다 높게 평가하거나 반대로 너무 낮게 보는 경우가 많다.

특히 경쟁률이 높은 상황에서는 전년도 입시 결과와 컨설팅에서 추천한 학과를 쓰는 경우가 많은데, 정말 조심해서 써야 한다. 재수해도 좋다며 상향으로 5장 쓰고 마지막에 불안해서 말도 안 되는 안정학과 쓰는 경우나 높은 경쟁률에 불안해 원서를 안정으로 4장 이상쓰는 경우도 많이 봤다.

가족이라도 객관적으로 학생을 평가하고 원서를 썼으면 한다.

농어촌 이과 내신 3점 근처 (2)

2022 농어촌전형 M고 2.9점 홍익대, 숙명여대, 국민대

시골 학원 옆에 케이크가 맛있는 빵집이 있다. 오래전부터 우유 생크림 케이크가 맛있어서 생일 때마다 케이크를 주문했다. 고등학교 때 빵집 사장님이 채연이를 학원에 보내셨다. 생기부 관리하고 내신 준비하면서 착실히 수시를 준비했다.

내신이 2.9점 정도 나오고 농어촌전형이 돼서 안정으로 충남대, 나머지는 인서울 정도로 생각하고 있었다.

8월에 어머님이 연연이와 같이 학원에 오셨다.

"벌써 내년에 연연이가 대학에 가네요."

"애들도 많이 컸죠?"

"서진이는 내후년에 중학교 입학해요."

"벌써요, 아기 때부터 봤는데 시간 빨리 가네요."

"대학은 어떻게 썼으면 하세요?"

"애가 원하는 대로 써야죠."

"연연이 성적이면 안정을 충남대 쓰고 나머지 인서울 많이 씁니다."

"충남대 말고 될 수 있으면 서울로만 썼으면 좋겠어요."

"연연이는 농어촌전형도 되고 내신도 나쁘지 않아서 인서울 학교만 쓰는 것도 확률이 높은 편입니다. 혹시 안정으로 서울여대나 성신여대 괜찮으세요?"

"여대는 숙명여대 이상만 쓰면 좋겠어요. 국민대부터는 안 되나요?"

"연연이는 농어촌전형 12년이 되니까 국민대에서 안정으로 낮은과 2장 정도 깔고, 나머지는 상향으로 찾아보겠습니다."

"학교는 어디까지 쓸 수 있나요?"

"농어촌 되니까 건국대, 홍익대, 경희대 정도 쓸 만하고, 중앙대 이상은 어려울 것 같습니다."

"이화여대는요?"

"이화여대는 최저 맞추면 가능성 있습니다."

"이화여대 갔으면 좋겠어요."

최저 있는 전형 1~2개 정도 생각하고, 국민대 안정으로 같은 학과 2장 쓰고 상향으로 4장 쓰기로 했다.

"연연아 최저 3 합 7 할 만하니?"

"3 합 7 어딘데요?"

172

"이화여대 농어촌전형 최저가 3 합 7이야."

"예전에 한 번 맞추긴 했는데, 수능에선 자신이 없어요."

"그러면 2 합 6은 할 만하니?"

"2 합 6은 할 만하죠. 여긴 어딘데요?"

"경희대 종합전형이야. 경희대 농어촌전형이랑 종합전형 중에서 상향 1개 쓰자."

"국민대는 종합전형, 농어촌전형 2장 쓰면 안전한가요?"

"일단 성적이 나쁘지 않아서 2장 쓰면 거의 붙을 거 같아."

"그냥 서울만 가도 좋겠어요."

국민대 나노전자물리과 농어촌전형 3대1, 학교생활우수전형 4.44대1, 숙명여대 농어촌전형 통계학과 3.33대1, 홍익대 농어촌전형 산업데이터과 5.5대1, 경희대 네오르네상스전형 응용물리학과 8.14대1, 한양대 교과전형 실내건축디자인과 6.25대1에 지원했다.

최종으로 국민대, 숙명여대, 홍익대 합격하고 홍익대에 입학했다.

농어촌 이과 내신 3점 근처 (3)

2023 농어촌전형 M고 3.0점 경희대, 건국대, 숙명여대

예예는 중3 때 학원에 왔다. 자기 생각이 분명하고 보고서나 수행평가하는 걸 보면 글쓰기를 잘하는 친구였다. 학교생활을 성실히 하며 수행평가 잘 챙기고 생기부 기록 상태가 좋았다. 수시 지원할 때 내신 3점으로 농어촌전형이 되는 친구라 별로 걱정이 없었다. 부모님과 상담하는데 건·동·홍 위쪽으로 원서를 쓰길 원하셨다.

"예예 대학 어느 정도 생각하세요?"

"좋은 대학 갔으면 좋겠어요. 서울은 어디부터 쓸 수 있나요?"

"작년에 예예 선배 연연이 원서 쓰는 거 기준으로 하면 국민대부터 위쪽으로 홍익대, 경희대, 한양대 썼습니다."

"국민대 안 쓰고 위쪽으로 많이 써도 될까요?"

"건국대, 동국대, 홍익대, 숙명여대는 4장 쓰면 1개 이상은 붙을 것 같긴 한데. 혹시 잘 못 되는 경우도 있어서 보통 안정으로 1장 정도

쓰길 추천해드립니다."

"국민대는 붙어도 안 다닐 거 같아서요. 정시도 있고."

"아니면 최저 맞추면 붙을 만한 대학 써서 확률 올리는 방법도 있습니다."

"최저 있는 대학이 어딘데요?"

"이화여대 농어촌전형이랑 중앙대 교과전형 있습니다. 홍익대도 있긴 한데 최저보단 농어촌전형이 나아 보여서 추천해드리진 않고요."

"이화여대 너무 좋죠."

지금까지 모의고사 본 걸 봐서 이화여대 농어촌전형 2 합 6(수학 필수)은 맞출 것 같았고, 중앙대는 어려워 보였다. 일단 이화여대는 2023학년도부터 최저가 2 합 6으로 낮아져서 쓰기로 했고, 중앙대는 공부 열심히 한다는 의미로 쓰기로 했다.

중앙대 교과전형 기계공학부 10.61대1, 경희대 고른기회전형 건축학과 5년 7.5대1, 건국대 농어촌전형 기계항공공학부 6.5대1, 숙명여대 고른기회전형 기계시스템과 5대1, 동국대 농어촌전형 5.67대1, 이화여대 농어촌전형 물리학과 5대1로 지원했다.

"쌤, 중앙대는 최저 맞추면 가능성 있어요?"

"경쟁률 10대1에서 30% 정도. 최저 만족하고, 네 성적이면 중간 정도 하니까. 추가 합격할 수 있을 거야. 최저 준비 잘해."

"3 합 7 열심히 하면 될 거 같아요."

2023학년도에 국어와 영어에서 예상과 다르게 최저를 못 맞추는 친구들이 많았다.

심지어 국어는 공통 문항에서 틀렸는지, 선택 문제에서 틀렸는지에 따라 90점 초반 점수에서 1등급부터 4등급까지가 나와서 변수가 많았다. 영어도 항상 1등급 받던 친구들이 2, 3등급 나오는 경우가 많았다.

예예도 원래 나오던 등급보다 잘 나오지 않아, 중앙대 최저를 맞추지 못했다.

숙명여대, 건국대 최초합 하고, 경희대에 추가 합격했다. 이후 건국대와 경희대를 두고 고민을 많이 했다. 건국대는 서울 캠퍼스지만, 경희대는 수원에 위치해서 많은 친구가 고민한다. 경희대는 공대가 전부 국제캠에 있어서 한양대 에리카와는 다르게 서울에 위치한 건국대를 선호하는 친구들이 많다.

최종으로 어릴 때부터 좋아한 건축과를 선택했고, 경희대에 입학했다.

"예전에 쌤 집 지으면 공짜로 설계해주기로 했지? 공부 열심히 해."

대학교 선택할 때, 서울에 사는 친구들은 성균관대 공대 정도면 수원으로 가지만, 서울에서 통학하는 걸 중요하게 생각한다. 지방에서 오는 친구들은 경희대 공대를 네임밸류, 생활비가 서울에 비해 적어서 선택하는 경우도 많다.

이런 고려사항으로 인해 대학교 합격자 발표할 때 우선순위를 신중하게 미리 결정하는 게 중요하다.

2020학년도에 경경이 어머님께서 전화하셔서 성균관대 컴퓨터교육학과 등록한 상태에서 서강대 컴퓨터공학과에 추가 합격을 해서 1시간 이내에 결정해야 한다며 어디를 갈지 물으셨다. 컴퓨터공학이랑 컴퓨터교육은 완전히 다른 계열이고, 서강대 컴퓨터공학과가 훨씬 더 높은 학과라서 추천해드렸다. 서강대에 등록하고 다음 주에 성균관대 컴퓨터교육에서 복수전공으로 성균관대 컴퓨터공학에 갈 수 있었다고 아쉬워하면서 연락하셨다. 대학에서 입학한 학과와 복수전공을 한 학과는 다르다. 외부에서 보기엔 다를 바 없지만 대기업 취업이나 대학원 입학에는 큰 차이가 있다.

시골 지역과 서울에서는 대학을 바라보는 차이가 있다. 그래서 농어촌에서 대학교를 선택하는 방식이 서울 친구들이 생각하는 것과 다른 경우가 많다.

농어촌 이과 내신 3점 근처 (4)

2023 농어촌전형 Y고 2.8점 건국대, 대전대 간호학과

주주는 고1 때부터 학원에 왔다. 다른 사람 이야기를 잘 들어주며, 친구가 많은 아이다. 어머님의 영향을 받아서 간호사가 되길 바라는 학생이다. 간호사관학교 1차 시험에 합격했고, 내신 성적은 2점 후반에 농어촌전형이 되는 친구라 원서 쓰는 데 어려움은 없는 친구였다.

"주주야 수시 원서 어떻게 쓰고 싶어?"

"간호학과 위주로 6개 써도 되나요?"

"지금 간호사관학교 1차도 붙었는데 그렇게 간호학과에 다 쓸 필요가 있을까?"

"쌤, 서울 내 대학 몇 개 쓸 수 있어요?"

"너 정도 성적이면 서울에 쓸 만한 대학 많아."

"어느 정도 쓸 수 있어요?"

"학원 다녔던 형, 누나들 보면 국민대, 숭실대, 건·동·홍 정도 붙은

친구들 많아."

"간호학과는 어디까지 갈 수 있을까요?"

"충남대 간호는 너무 높아. 건양대, 을지대는 성적이 조금 부족하고, 대전대는 적정, 공주대는 편하게 갈 거 같아. 서울 내 대학 간호는 요즘 너무 높아져서 상황을 봐야 해."

학생마다 원서 쓰는 전략이 다르다. 주주는 간호사관학교에 1차 합격한 상태고, 사관학교에 붙으면 일반대학 간호학과보다 우선해서 진학할 예정이었다. 합격 확률이 50%라 하더라도 6장을 모두 간호학과를 쓸 필요는 없어 보였다. 간호학과는 3장 지원하기로 하고, 3장은 붙으면 다닐 만한 대학에 쓰기로 했다.

"주주야, 어느 정도면 간호학과 포기하고 다닐 생각이야?"

"중·경·외·시면 좋을 거 같은데요."

"오케이 간호사관학교 붙으면 무조건 가는 거지?"

"네, 아마도요."

"그럼 간호사관 떨어진다고 가정하고, 대전대 간호학과 포기하고 가려면 어느 정도 생각하니?"

"건·동·홍 정도면 고려할 것 같아요."

"일단 간호사관학교 붙으면 베스트른데, 떨어지는 경우 생각해보면 아마도 대전대랑 을지대 간호학과 정도 붙는 걸 가정해서 쓰는 게 좋을 거 같은데."

"간호학과는 2~3장 정도 쓰면 될 거 같은데요."

간호학과는 대전대 농어촌전형 간호학과 7대1, 을지대 미래인재전형 9.83대1을 썼다. 나머지는 붙으면 후회하지 않을 대학 위주로 경쟁률을 찾아보면서 중앙대 농어촌전형 7대1, 건국대 농어촌전형 5대1, 순천대 농어촌전형 약학과 13대1, 교원대 농어촌전형 초등교육과 4.57대1에 지원했다. 간호사관학교 합격 여부를 모르는 상황에서 상향으로 많이 썼다.

최종으로 건국대, 대전대에 최초합 했고 장래 희망이 간호사였지만, 부모님과 의논해서 서울 생활을 해보기로 결정해 건국대에 입학했다.

장래 희망과 대학교 사이에서 고민하는 친구들을 많이 본다. 희망 직업 따라서 대학에 가고 싶지만, 학과를 포기하면 좋은 대학에 갈 수 있어서 많은 친구가 고민한다.

원서 쓰고 울었던 아이

2017 농어촌전형 Y고 내신 3점 건국대 건축공학과

현현이는 규백이 동생으로 중3 때 학원에 왔다. 다른 사람 이야기 잘 들어주고, 공감 능력이 뛰어난 아이였다. 내신은 컨디션에 따라서 편차가 있는 친구였다. 규백이도 학원에서 원서를 써서 충남대 화학과에 입학해서 당연히 학원에서 수시 원서 쓰는 거로 알고 있었다.

"내신 3점 초 나오네, 현현이 대학교 어디 쓰고 싶어?"

"충남대도 좋고, 서울 쪽도 좋아요."

"그러면 안정으로 어디까지 생각하니?"

"그래도 국립대까지는 써야 할 거 같은데, 한밭대나 공주대도 좋아요."

"불안하면 공주대나 한밭대 하나 쓰고 충남대부터 국민대, 건국대 이런 데 쓰자."

"뭐 준비해야 해요?"

"자기소개서 필요하니까 화공이랑 건축과로 미리 준비해봐. 다른 과 쓰게 되면 수정해서 내자."

"따로 준비할 건 없어요?"

"혹시 원서 쓸 때 농어촌전형으로 좋은 대학 쓸 기회 많으면 그때 하향 원서 어떻게 쓸지 미리 고민해봐."

원서 접수하면서 인서울 농어촌전형, 고른기회전형 기회가 많아서 건국대, 숙명여대, 동국대, 국민대 5장을 썼고, 경쟁률이 전부 5대1 이하로 잘 나왔다. 마지막으로 충남대 종합전형으로 남은 1장 쓰고, 1주일 동안 자기소개서 마무리 짓고, 열심히 수능 준비를 했다.

10월 초부터 몸이 안 좋다며, 수업을 몇 번 빠졌다. 지금까지 수업을 빠지는 경우가 없어서 의아해하던 차에 영어 선생님인 상아쌤으로부터 울면서 "대학교 너무 높게 쓴 거 같아요. 재수하면 어떡하죠"라고 말했다는 이야기를 듣게 됐다.

"현현이 아주 불안하지?"

"좀 걱정돼요. 학교쌤들도 높게 쓴 거 같다고 말씀하시고, 주변 친구들 1차 떨어지는 거 보니까 불안해요."

"현현이는 수능 전후로 1차 발표니까 아직 확실한 게 없어서 불안할 수 있는데, 이번에 경쟁률 충남대 빼고는 5대1 이하고, 현현이 성적이면 1차는 거의 붙을 거야. 그중에 2개 이상은 합격할 거니까 너무 걱정하지 마."

"내신 2.5점 정도 되는 친구가 성신여대 떨어졌는데, 저는 성적도 낮은데 대학은 높게 써서 다 떨어질 거 같아 불안해요."

"입구 컷이라고 들어봤지?"

"네, 성적이 안 되면 바로 떨어뜨리는 거요."

"일반적으로 입구 컷은 성적이 낮은 친구랑 성적이 너무 높은 친구 둘 다 적용돼. 쌤 생각에 그 친구는 성적이 너무 높아서 성신여대 떨어진 거 같아."

"성적이 높은데 왜 떨어뜨려요?"

"어차피 성신여대 말고 다른 대학 입학할 가능성이 높으니까 미리 떨어뜨리는 거야."

"그럼 어떻게 해요?"

"어느 정도 내신에 맞춰서 원서를 써야지. 너무 낮거나 높은 거 둘 다 안 좋아."

"친구들 떨어지는 거 볼 때마다 마음이 너무 불편하고, 걱정돼요."

"현현아 걱정은 미리 할 필요 없어. 안 좋은 상황 닥쳤을 때, 그때 하면 돼. 지금은 마음 불편해도 수능 공부하자."

수학 수업에선 불안한 내색을 안 했지만, 영어쌤한테 계속 불안하다고 이야기하고 걱정을 많이 했다. 이후 수능 때까지 계속 불안해했지만, 다행히 수능 전후로 1차 모두 합격했다. 면접 갔다 와서 충남대 유기화학과, 건국대 건축공학과에 합격했다.

건국대에 입학하고, 같이 공부하던 지니와 집에 내려올 때 학원에 자주 들렀다. 나중에서야 지니랑 대학교 떨어지면 어떡할지 걱정했던 이야기를 털어놨고, 가끔 커피 들고 학원에 찾아온다.

　학생들은 원서를 쓸 때 불안감을 느끼는데, 그 부류도 정말 다양하다. 원서 쓰기 전에 재수 걱정하는 친구, 원서 쓰고 나서 불안해하는 친구, 대학교 붙는 거 걱정 안 하는 친구들까지 정말 다양하다.
　수시 원서 6장 중에 안정, 적정, 소신, 상향 원서 배분이 중요하다. 특히 9월 모의평가 성적으로 정시 지원 대학 기준을 잡고, 전략을 짜는 게 중요하고, 원서를 쓰고 나면 수능 준비만 잘하면 된다. 불안함에 수능 공부는 안 하고, 걱정만 하는 친구들이 제일 안타깝다.

　"걱정은 내 앞에 현실이 됐을 때 하면 돼. 미리 할 필요 없어."
　"지금 할 수 있는 거 먼저 하자."

좋은 대학 가고 싶어요

2017 농어촌전형 Y고 내신 3.2점 경희대 건축과, 연세대 편입

지니는 오빠 상만이와 함께 학원에 왔다. 학원에서는 많은 친구를 보게 되는데, 각자 생각도 다르고, 성향도 다양하다. 지니는 학교 공부, 체육대회, 축제 뭐든지 열심히 하고, 친구들도 많았다. 다른 친구들보다 욕심이 많은 친구였다.

"지니는 나중에 뭐 하고 싶니?"

"장래 희망이요? 그냥 돈 많이 벌고, 잘살고 싶어요."

"대학은 어디 가고 싶어?"

"중학교 때는 스카이 가고 싶었는데, 지금은 어떻게든 서울에서 학교 다니고 싶어요."

"그래, 아직 1학년이니까 성적 더 올려보자."

"인서울 하려면 내신 얼마까지 올려야 해요?"

"내신 3점까지는 만들어야 인서울 하기 편해. 아니면 조금이라도

올릴수록 확률은 높아져, 열심히 해."

고등학교 3년 내내 공부뿐만 아니라, 모든 활동을 열심히 했고 고3 1학기까지 내신 3점 초중반으로 마무리 지었다. 대학교를 결정하면서 많은 이야기를 나눴다.

"지니야 제일 낮은 대학으로 어디 썼으면 좋겠어?"

"충남대 1장 쓰고, 서울 쪽으로 쓰고 싶어요."

"학과는 어떤 쪽으로 쓰고 싶니?"

"화공이나 생명 쪽으로 쓰고 싶어요."

"충남대 화공이나 생명은 인기학과라서 붙기 힘든 상황이 올 수 있는데, 여기 붙을 상황 안 되면 어떡하면 좋을 거 같아?"

"다른 학과는 생각 안 해봤는데, 어떤 학과가 붙기 쉬워요?"

"학교마다 다르긴 한데, 요즘 건축이나 토목, 농대 계열이 제일 쉽고, 인서울은 농어촌전형 쓸 거니까 경쟁률 보면서 결정해야 할 거 같아. 혹시 충남대 아래로 1장 더 쓸 생각 없니?"

"충남대 아래는 쓰기 싫어요. 충남대 아래로 가면 재수할 거 같아요."

"그럼 충남대 교과전형 하나, 종합전형이나 농어촌전형 하나는 어때?"

"네, 만약 인서울 경쟁률 안 나오면 그렇게 할게요."

"학과는 원서 접수 기간 보면서 결정할 거야. 일단 기본 자기소개서 준비해놔. 원서 쓰고 나면 자기소개서 수정해야 하니까."

186

"학과 마음에 안 들면 대학 가서 전과할 수 있어요?"

"전과할 수 있긴 한데 학점이 좋아야 해. 그런데 고등학교에서 인기학과 가는 노력보단 전과가 쉬울 수 있어."

수시 원서 접수 기간에 충남대, 경희대, 동국대, 건국대 농어촌전형 위주로 원서를 썼다. 경쟁률이 가장 높은 곳이 5대1일 정도로 잘 나왔다. 다만 경쟁률을 보고 지원한 만큼 학과가 모두 달랐다. 원서 접수를 마친 이후 계속 자기소개서 입력을 하고 있었다.

"몇 개 입력했어?"

"3개는 마무리했고요, 2개 남았어요."

"언제 마감이니?"

"내일모레요."

"자기소개서 쓴 거 가져와, 봐줄게. 조금 더 고생해."

지니는 일주일째 자기소개서만 준비해야 해서 많이 지친 거 같았다. 다른 학생은 학과가 비슷해서, 자기소개서를 조금만 고치면 되는 것에 비해 지니는 생명, 전자, 기계, 건축, 컴공 등 다양한 학과를 지원했기 때문이었다. 수시 경쟁률 잘 나왔다는 기쁨도 잠시 일주일째 글을 쓰느라 많이 지쳤다.

수능쯤에 면접을 다녀오고는, 경희대 건축과에 붙었다. 이후에도 자주 커피를 사 들고 학원에 인사하러 왔다. 3학년 때 학원 스터디카

페에 한 달을 등록했다.

"지니야 큰별이 군대 갔다며?"

"네, 얼마 전에 갔어요."

"학교는 휴학한 거야?"

"영어랑 공부할 게 있어서 휴학했어요."

"토익이나 텝스 공부하니? 자격증 준비하는 거야?"

"네, 그거랑 비슷해요."

"그래, 열심히 해."

다음 해에 연세대 화공생명공학과에 편입했다.

원하는 대학에 가는 방법은 다양하다. 고등학교에서 대학에 갈 때 경쟁이 치열한 것이 비해 편입이라든지, 전과로 원하는 학교를 가는 것은 경쟁이 치열하지 않다.

또, 농어촌전형, 유공자전형, 재외국민전형, 사배자전형 등을 이용해도 일반전형에 비해 경쟁이 치열하지는 않다.

경쟁을 피하는 것도 좋은 방법이다. 편입원서를 접수할 때도 경쟁률을 볼 수 있으며, 대학 수시전형처럼 여러 가지 지원 전략이 존재한다.

Chapter. 5

N수, 또 다른 기회, 기다림

시골 학원에서 원서 쓰는 친구들은 오랫동안 학원에 다니며 매주 보던 친구들이다. 나는 평소 고3이 된 친구들에게 "재수하지 말고 한 번에 대학 가라", "지금 열심히 공부해"라고 한다. 하지만 그럼에도 재수하는 친구를 보면 마음이 많이 안 좋다.

재수에는 여러 종류가 있다.

원서재수는 내신이 좋은 경우 수능 준비 없이 원서만 다시 쓰는 경우다. 기본적인 내신이 좋고, 일정 정도 대학에 이미 입학한 친구들은 재수할 때 상향으로 6장의 원서를 쓸 수 있다.

최저재수는 내신 성적이 좋은 경우 의대, 치대, 한의대, 약대, 수의대와 서울 상위권대학에 지원하기 위해 수능 최저 준비를 한다. 하지만 의대, 치대, 한의대, 약대, 수의대를 정시로 준비하는 친구들이 수능시험 전체에서 몇 문제 이내로 틀려야 하는 것과 비교해서 일정 등급만 맞추면 돼서 난이도가 정시재수에 비해 쉽다. 예를 들어 의대 정시에서 수학문제 2개를 틀리면 대학 선택 폭이 줄어들지만, 2023년 기준 수학 문제 4개 틀려도 1등급이다. 내신이 1점 초반인 경우 수시에서 수능 최저 3 합 4, 3 합 5, 3 합 6을 맞추면 의대에 합격할 수 있다.

정시재수는 내신이 안 좋은 경우 수능 성적으로 준비를 한다. 단한 번의 시험에 의해서 성적이 결정되고, 수시가 6번 지원할 수 있는 것과는 달리 정시는 실질적으로 가군과 나군 2번의 기회로 대학에 지원한다. 일반적으로 내신 받기 어려운 명문고등학교 친구들이 많이 선택한다. 특히 의대, 치대, 한의대, 약대, 수의대를 지원하는 친구들은 정시재수를 많이 한다.

최저 못 맞췄어요

원서재수 2023 농어촌전형 Y고 내신 4.01점 충남대

민민이는 2022학년도에 내신 4점으로 마감하고, 수능 준비를 계속했다. 정시로 갈 수 있는 대학은 지원하지 않고, 조금이라도 좋은 대학에 합격하기 위해서 최저 있는 학과에 많이 지원했다.

내신 4점인 경우 공주대, 한밭대를 적정으로 지원한다. 하지만 모의고사 성적이 한밭대 이상 나와서 공주대 위쪽으로 지원하기로 했다.

최저 있는 충남대 교과전형 무역학과 9대1, 충남대 지역인재전형 농경제학과 9대1, 공주대 교과전형 상업정보교육과 6대1, 국민대 학교생활우수자전형 중국정경전공 5.2대1에 지원하고, 최저 없는 전형은 한국외대 고른기회전형 노어과 7.5대1, 경희대 고른기회전형 한국어학과 6대1에 지원했다.

"쌤, 공주대 상업정보교육과 최저 맞추면 합격할 수 있을까요?"

"교과전형에 경쟁률이 6대1밖에 안 되긴 하는데 최저가 어려워서 30% 정도 맞출 거고, 지원자 중에서 민민이 성적이 중간 약간 뒤쪽이라, 최저만 맞추면 최초합이나 합격권 예비 번호 받을 거야."

"최저 열심히 준비할게요."

수능 전에 경희대 합격자 발표가 나왔고, 예비 1번을 받았다.

"쌤, 경희대 예비 1번 받았어요."

"축하해. 예비 1번이면 거의 붙을 거야. 잘됐네."

"반에 내신 좋은 애들도 거의 안 됐는데, 저 합격했어요."

"생기부랑 자기소개서 열심히 써서 다른 애들보다 잘 봐준 거 같아. 수능 준비 열심히 해."

수능은 원래 보던 것보다 많이 못 봤다. 원서 4장을 수능 최저를 못 맞춰서 떨어지고, 경희대 예비 1번만 남았다. 수시 합격자 발표하고 추가합격자 발표를 기다리고 있었다.

"쌤, 경희대 붙을 수 있겠죠?"

"내일부터 추가합격이니까 기다려 보자. 1번이라서 앞쪽에 합격한 친구들이 좋은 대학 붙길 바라야지."

"쌤, 저 진짜 앞에 합격한 애들 정말 잘되길 바라고 있어요. 기도 열심히 해야겠죠?"

"작년에는 추가합격 있었으니까. 기다려보자."

수시 추가모집 2차, 3차, 4차 지나가고 최종발표일에도 전화 오지 않았다.

"쌤, 수석 불합격자 됐어요."

수능을 많이 못 본 상태라 한밭대 지원해서 합격했다.

"쌤, 재수해야 하나요?"
"일단 정시에서 한밭대라도 붙어놓으면 내년에 수시 지원할 때, 충남대 이상 마음 편하게 쓸 수 있잖아."
"이번 수능을 너무 망쳐서, 내년에 어떻게 할지 고민이에요."
"일단 한밭대 붙고 재수하는 건 나중에 결정하자."

이번 수능을 망쳐서 다음 해 수능도 어떻게 볼지 걱정을 많이 했다.

"민민아 일단 학교 다니고, 다음에 최저 없이 농어촌으로 6장 쓰는 것도 나쁘지 않을 것 같아."
"내신이 안 좋아서요."
"쌤이 최저 있는 전형이 유리하다고 한 이유는 최저를 충족하면 합격 확률이 농어촌전형보다 높기 때문이야. 문제는 최저를 못 맞힐 확률도 존재한다는 거지. 그냥 최저 없이 농어촌전형 쓰고 자기소개서, 면접 준비 잘해도 확률은 높아."

"저 최저 준비 안 해도 돼요?"

"어느 정도 대학 원하니?"

"충남대 이상만 갔으면 좋겠어요."

"수능 열심히 준비할 자신 없으면, 그냥 9월에 농어촌전형으로 준비하자."

9월 수시에서 경쟁률 낮은 농어촌전형 학과만 썼다. 중앙대 고른기회전형 러시아어문학과 5대1, 숭실대 고른기회전형 독어독문학과 5대1, 한국외대 고른기회전형 한국학과 5대1, 충남대 농어촌전형 4.5대1, 충북대 농어촌전형 중어중문학과 5대1, 단국대 농어촌전형 철학과 7대1에 지원했고, 충남대, 숭실대, 충북대를 1차 합격하고, 충남대 중어중문학과에 최종 입학했다.

재수하는 친구들에게 꼭 하는 조언이 있다. 재수할 생각이면 원하는 대학보다 조금 낮은 대학이라도 하나는 합격하는 게 재수할 때 유리하다는 것이다. 재수할 때 붙은 학교가 없는 친구들은 작년에 모두 떨어진 기억밖에 없어서, 위축된다. 좋은 대학에 가고 싶어 재수하지만, 막상 원서 쓸 때, 위축된다. 원하는 대학보다 조금 낮은 대학에 붙어놓으면 마음 편하게 확률만 보고 원서를 쓸 수 있다.

첫날 원서 접수했어요

원서재수 2023 농어촌전형 M고 내신 3.2점 충남대, 경기대

내신이 3점 초반인 친구들은 재수할 때 어느 정도 공부할지 고민을 많이 한다. 내신으로 어느 정도 좋은 대학에 갈 수 있고, 특히 농어촌전형이 되는 경우 3 합 12, 2 합 6을 목표로 수능 준비하는 친구들이 많다.

한한이는 작년에 수시 6곳 모두 붙지 못해 자신감이 많이 떨어진 상태였다.

"한한아 어디 쓰고 싶어?"
"한밭대, 공주대, 단국대, 경기대 정도 쓰고 싶어요."
"안정으로 불안하면 한밭대나 공주대 하나만 쓰면 될 거 같은데?"
"작년에 다 떨어져서 이번에는 가고 싶어서요."
"작년에 대학 간 연연이 같은 학교 친구지, 어디 썼는지 아니?"

"연연이 공부 잘 하지 않나요? 국민대, 숙명여대, 홍익대 붙었다고 들었어요."

"너보다 좋긴 한데 많이 좋은 건 아니야. 0.4점 정도 차이나."

"3점대라 차이 나지 않을까요?"

"응, 차이 나지. 일단 한한이는 문과라서 이과보다는 불리한데, 농어촌전형이 돼서 상향 쓸 땐 나쁘지 않아."

"어느 정도 써야 해요?"

"쌤 생각은 한밭대나 공주대 하나 쓰고, 충남대, 충북대, 경기대, 국민대, 숭실대 정도 쓰면 무난할 거 같아."

"충남대는 좀 힘들지 않을까요?"

"충남대가 왜?"

"예전에 학교에서 면접했는데 정말 못했어요."

"면접은 준비하면 되지. 농어촌전형은 거의 면접 있어. 작년에 면접 있는 거 안 썼니?"

"면접 없는 거만 썼어요."

"그러면 경쟁률은 어느 정도 나왔어?"

"첫날 교무실 가서 써서, 경쟁률 낮은 게 10대1 정도 나오고 15대1 나온 것도 있었어요."

"작년에 연연이 경쟁률 중 제일 높은 게 8대1이었어. 국민대 농어촌은 3대1도 있었고."

"한한이 국민대 경쟁률 3대1이면 합격할 거 같지 않니?"

"3대1이면 합격할 거 같아요."

"연연이는 농어촌으로 써서 거의 다 면접 있었어. 계속 면접 준비했어."

"경기대 경쟁률 10대1이면 붙는다는 보장 없어. 국민대 3대1은 합격 확률이 높아. 농어촌전형을 잘 쓰면 유리하니까. 지금부터 자기소개서 잘 준비해. 농어촌전형 위주로 쓰면 수능 준비 안 해도 되니까."

"자기소개서는 얼마나 써요?"

"지금부터 수능 준비 안 할 거면 원서 쓸 때까지 자기소개서 준비해. 자기소개서 잘 준비하면 나중에 면접 볼 때 도움될 거야. 자기소개서 끝나면 학원 와서 면접 준비하면 돼."

다행히 자기소개서 첨삭하는 날 빠지지 않고, 꾸준히 준비했다.

"내일 원서 접수하는데 자기소개서는 마무리되고 있어?"

"자기소개서 계속 쓰니까. 많이 좋아진 거 같아요. 작년 자기소개서 왜 이렇게 썼는지 모르겠어요."

"자기소개서 준비하면 학과나 장래 희망을 계속 생각하게 돼. 그리고 하나의 주제로 한 달 넘게 글 쓰면, 생각도 많아지고 글 쓰는 것도 좋아질 수밖에 없어. 나중에 면접 볼 때, 한 달 동안 자기소개서 쓴다고 생각하고 찾아본 것들이 도움될 거야."

충남대 농어촌전형 철학과 5대1, 한밭대 교과전형 경제학과 8.76대1, 국민대 농어촌전형 재무금융과 4.7대1, 한국교통대 나비인재전형 철도경영물류학과 5.5대1, 경기대 고른기회전형 경제학부 3.56대1, 건국대 농어촌전형 지리학과 8대1에 지원했다.

건국대를 제외하고 면접에 다 다녀왔고, 충남대, 경기대, 한밭대에 최종합격했다. 그중 경기대 경제학과에 입학했다. 혹시 내년에 생각 있으면 원서 한 번 더 쓰기로 했다.

대학교 합격 후에 삼수하는 친구를 데려왔다. 작년에 원서 쓸 때, 같이 오려고 했지만 메가스터디에서 컨설팅받는다고 안 왔던 친구였다. 내년 원서 쓸 때 컨설팅하기로 했다.

전년도 수시에서 모두 떨어진 아이들이 다음 해 원서를 쓸 때 위축되는 모습을 많이 본다.

국립대는 안정으로 써도 성적순으로 뽑는 경향이 있어서 합격 확률이 높지만, 일반 사립대는 합격 후 대학교에 다닐 친구를 좋아한다. 성적이 너무 높은 친구는 입학할 가능성이 적다 여겨 처음부터 떨어뜨리는 경우가 많다.

자기소개서가 문제

원서재수 2022 농어촌전형 G고 내신 3.1점 국민대

훈훈이는 중학교 때 형 따라서 학원에 왔다. 차근차근 열심히 공부하던 친구로 조언 따라 G고에 입학했다. 학교생활도 잘하고 성적도 잘 챙겨서 내신 3.1점으로 원서지원 준비를 시작했다. 모의고사 성적이 안 나오는 편이라 최저 없는 전형에만 지원하기로 했다. 수능 준비를 하지 않는 대신 자기소개서를 7월부터 2개월 동안 준비했다.

"훈훈아 대학교 어떻게 썼으면 좋겠니?"

"쌤, 저 서울에 써도 돼요?"

"지금 성적이면 상향으로 서울로 쓸 만해. 국민대, 숭실대 더 높게 쓰고 싶으면 홍익대, 동국대 정도 쓰면 될 거 같아."

"안정으로 어느 정도 써야 해요?"

"한밭대나 공주대는 1장 쓰면, 거의 붙을 거야."

"그럼, 한밭대 1장 쓰고, 나머지는 충남대랑 서울권 써도 돼요?"

"응, 농어촌전형 되니까. 인서울 쓸 거 많아. 대신에 문과라서 조금 조심해서 써야 해."

안정으로 한밭대 쓰고 충남대, 국민대 농어촌전형, 숭실대, 한국외대 농어촌전형으로 썼다. 경쟁률도 잘 나왔고, 국민대, 한국외대에 원격 면접을 진행했다.

한밭대는 최초합, 국민대만 예비 받고 나머지 대학은 불합격했다. 2021학년도 최종 한밭대에 입학했다.

"쌤, 내년에 원서 다시 쓸 건데 한밭대 등록해야 해요?"

"내년에 원서 쓸 거면 한밭대 쓰는 게 맞아, 등록금 170만 원 내고 한 학기만 대학 생활하면서 잘 다니고, 9월에 원서 쓰는 게 유리해. 한밭대보다 높은 대학만 쓸 거잖아."

"수능 준비해야 해요?"

"훈훈이 친구들 예진이, 유정이, 태민이 수능 없이 대학 갔잖아. 수능 준비 안 해도 돼. 원서 쓸 때까지 대학 다니며 잘 놀아 쌤이 내년엔 무조건 인서울 시켜줄게."

오랫동안 봐오던 친구라 재수한다는 생각에 마음이 아주 불편했다. 집으로 가면서 "내년에 다시 올게요", "대학 가서 열심히 놀아도 되겠네요. 괜찮아요"라며 인사하는데 정말 괜찮은 친구라서 마음이 더 안 좋았다.

이후 대학교 1학년 다니면서 대학 분위기도 느끼고, 여러 사람 만나서 재밌게 놀았다고 하면서 원서 썼다. 2022학년도에 충남대 1장 쓰고, 국민대 농어촌전형 재무금융회계과 2.75대1, 국민대 학교생활우수자전형 중국정경과 5.2대1, 숭실대 고른기회전형 국제법무과 4.33대1, 동국대 고른기회전형 식품산업관리과 6.5대1, 한국외대 고른기회전형 아랍어과 6.5대1에 지원했다.

충남대와 국민대 2개 모두 붙어서 국민대 재무금융회계과에 입학했다.

작년에 경쟁률이 좋은 상태에서 다 떨어져서, 자기소개서를 새로 작성했다. 학교에서 자기소개서 작성하다 보면 쓰기 힘들다고 베끼는 경우도 있어 혹시 표절이 문제 될까 봐 새로 만들었다. 면접도 대학교에서 교수님과 이야기하며 작년보다 능숙하게 준비했다.

"정말 수고했어 훈훈아. 대학교 잘 다녀. 쌤이 정말 진심으로 축하한다."

입구 컷, 원서재수

2021 농어촌전형 P고 내신 2.4점 동국대, 숙명여대

재수하는 친구 중 가장 안타까운 경우 고3 때 1차에서 모두 탈락한 경우다. 상향으로 쓴 학과는 물론 안정으로 쓴 학과에서도 전부 1차에 불합격한 친구들은 재수하는 동안에도 불안한 마음이 크다.

정정이는 아버지 직장 발령으로 이쪽에 와서, 학원을 졸업한 학생네 어머님 소개로 만나게 됐다. 내신 성적은 고3 1학기 때 2점 초반이었으나, 2학기 내신을 준비하지 않아서 최종 2.4점으로 마감했다.

"어머님 정정이 대학 어느 정도 생각하세요?"
"충남대만 합격해도 좋겠어요. 인서울 하면 너무 좋죠."
"작년에는 어디 어디 썼나요?"
"성균관대, 경희대 경영학과 쓰고, 안정으로 서울여대, 성신여대, 덕성여대 썼어요."

"1차는 몇 개나 붙었나요?"

"1차 합격 없이 불합격했어요."

"제 생각엔 성균관대, 경희대 경영학과는 상향이기도 하고, 경쟁률이 높아서 떨어진 거 같고요, 서울여대나 덕성여대는 성적이 높아서 미리 떨어트린 것 같습니다."

"성적이 높아도 떨어지나요? 안전하게 원서 쓴다고 4장이나 썼는데."

"생기부랑 작년에 쓴 자기소개서 보내주세요. 자기소개서 준비시키고, 정정이랑 대학교 정하겠습니다."

고3 때 쓴 자기소개서는 기본적으로 너무 못 썼다. 문항에 대한 대답을 엉뚱하게 하고, 말하고자 하는 내용이 불명확했으며, 구어체로 써서 잘 읽히지만, 아이가 쓴 것 같았다. 자기소개서는 다시 쓰기로 하고, 최저 수영탐 3 합 12, 2 합 6 목표로 수능 준비를 시작했다.

작년 수시 6곳 1차 불합격의 영향으로, 안정적으로 쓰길 원했고, 안정으로 충남대 교과전형 무역학과, 국민대 학교장추천전형 경영정보학과 적정으로 숙명여대 농어촌전형 경제학과, 동국대 고른기회전형 식품산업공학과, 한국외대 고른기회전형 노어과, 상향으로 고려대 농어촌전형 노어과를 지원했다. 한국외대와 고려대는 경쟁률이 낮은 학과로 쓰고, 나머지 대학은 관심 있는 학과로 지원했다.

안정으로 쓴 충남대 최저를 맞췄고, 충남대, 국민대 최초합 하고, 동국대에 추가 합격했다. 한국외대는 1차 합격했지만 최종 합격하지는 못했다. 고려대는 경쟁률이 높아서 1차에서 떨어졌다.

최종으로 동국대에 입학했다. 아버지가 서울로 발령 나서 가족과 같이 이사했다.

고등학교 3학년 때 학교 선생님이 수능 준비 열심히 하라며 자기 소개서 1주일 정도 쓰고, 학교에서 수시 첫날 원서 접수했다. 학교 선생님들은 안정으로 적정 성적보다 많이 낮은 대학 지원을 제시하는 경우가 많다. 그래서 시골 학원 주변에도 성적이 좋은데 충남대나 공주대에 가는 친구들이 많다. 지방 거점 국립대는 성적순으로 뽑아서 안정으로 쓰면 무조건 붙는다. 반면 서울권 낮은 대학은 성적이 너무 높으면 미리 떨어트리는 경우를 많이 본다. 예를 들어 동덕여대, 덕성여대, 광운대, 가톨릭대에 지원한 친구 중에서 성적 높은 친구들은 떨어지고 낮은 친구들이 붙는 경우를 많이 본다.

수시 원서 버리는 친구

삼수 2019 농어촌전형 Y고 내신 2.2점 이화여대

다른 사람 말 안 듣는 친구들도 많이 본다. 특히 정시에 비중을 두는 친구 중에는 6장의 수시 원서에서 3, 4장만 쓰고 나머지 원서를 버리는 경우도 있다. 상향으로 써도 되는 원서를 버리기도 하고, 떨어지면 기분 나쁠까 봐 붙어도 안 갈 대학을 쓰기도 한다.

삼고초려

"정정아 원서 몇 장 남았니?"
"3장 남았어요. 뭘 써야 할지 모르겠어요."

정정이는 고2까지 꾸준히 공부해서 이과 내신 1점대 후반이었다. 그러다 3학년 1학기에 성적이 떨어져 2점 초반대가 되었다. 원래 서·성·한, 중·경·외·시 정도 학교가 목표였는데 성적이 떨어지니 내신으로 원하는 대학에 갈 수 없다고 생각했다. 모의고사는 1등급 2개, 나머지 2~3등급 정도 나왔고, 농어촌전형도 지원할 수 있었다.

첫 번째 제안 – 수시 편

"그래? 그러면 농어촌전형으로 최저 맞춰서 대학 가자. 높은 데 좀 써보자."

"어디 쓰면 돼요?"

"서남대 의대. 여기 국영수 합이 6등급이야. 최저는 할 만하니?"

"최저는 할 만한데 떨어지지 않을까요?"

"폐교된다는 이야기 있어서 입시 성적 더 낮을 거야. 농어촌전형 최저 맞추는 애들 별로 없고, 붙어도 다른 대학 의대로 빠져서, 이월 되는 때도 있어. 1장 써봐."

"네, 집에 가서 쓸게요."

1주 뒤

"거기 경쟁률 잘 나왔더라. 최저 맞추면 가능성 있을 거 같아."

"쌤, 근데 저 거기 지원 안 했어요."

"왜!!!??"

"거기 쓰면 떨어질 거 같아서요, 떨어지면 기분 나쁠 거 같아서요. 붙어도 맨날 피 보고 살면 힘들 거 같아요."

그 전형 말고 2개를 더 쓰라고 했지만, 같은 이유로 모두 쓰지 않았다. 의사 중에서 맨날 피 보고 사는 의사는 별로 없다.

처음에 말한 농어촌전형은 수시모집 못 하고, 정시 이월됐다. 꼭 그 학과에 붙는다는 보장은 없다. 농어촌전형은 최저를 못 맞추는 친구들이 많아 합격할 확률이 높은 상태였다. 서남대 나머지 전형도 2점 중후반 친구들도 붙었다.

두 달 뒤 나온 수능 성적표는 평소보다는 못 봤지만, 최저는 다 맞추었다. 이미 지난 일이다.

"서남대 의대 쓰지. 교과전형, 농어촌전형 둘 다 붙을 수 있었는데."
"수시 원서 다 쓸 걸 그랬어요. 정시 원서 쓸 때는 말 잘 들을게요."

두 번째 제안 – 정시 편

"정정아, 붙을 만한 데 1장 쓰고, 1장은 높은 데, 나머지 1장은 상황 봐서 쓰자. 마지막 날 쓸 거니까, 쌤이 말한 대학 경쟁률 추이 시간대별로 적어놔라."

수시 때의 아쉬움이 있는지, 정시 원서 접수 이전부터 학원에서 계속 죽치고 살았다. 예전 정시 입시 결과, 경쟁률, 현재 경쟁률 추이 등을 확인하느라 바빠 보였다.

"내일 경쟁률 추이 확인하고, 지원할 대학 결정하자."
"네, 쌤."

원서 마감 전날

"서울시립대 ○○과, 이화여대 ○○과, 고려대 ○○과 등 가군, 나군에 지원할 대학 추려놓고, 내일 원서 쓰자."

집으로 돌아간 뒤 오후 5시쯤 '쌤 저 서울시립대 ○○과 하나 썼어요'라는 문자가 왔다. 분명 내일 쓰자고 했는데, 미리 썼다. 어차피 내일 2장 남았으니 '잘했어. 낼 보자'라고 답문을 남겼다.

원서 마감 날

"정정아 고려대 경제학과 괜찮은 거 같아. 이거 쓰고, 다군은 홍익대, 건국대 중에 하나 고르자."
"쌤, 지금 다군 결정하고 집에 가서 쓸게요."
"고려대 쓰고, 다군은 홍익대 쓰자."
"네, 원서 쓰고 밤에 연락드릴게요."

원서 접수를 마감하고 6시 조금 지나서 고려대 최종 경쟁률이 나왔다. 다행히도 마감 후 지원자가 별로 없어서 1.45대1로 마감했다. '수능 성적이 괜찮으니 최초합이나 합격 가능 예비번호 받겠지' 생각

209

했다. 7시 정도에 갑자기 정정이와 다현이가 학원으로 왔다.

"쌤, 죄송해요."

왠지 무엇이 잘못됐는지 알 거 같았다.

"다현이랑 집에 가서 원서 쓰는데 너무 상향 지원하는 거 같아 건
국대랑 홍익대 2개 썼어요."
"응, 그래, 괜찮아. 경쟁률이 어떻게 되니?"
"12:1, 14:1이요."
"고려대 경쟁률은 봤니?"
"네, 봤어요. 죄송해요"
"잘될 거야, 기다려 보자."

불안하다. 결국엔 정시 끝나고, 추가모집으로 숭실대 입학했다.
옆에 있던 다현이는 고려대 국문과 1명 뽑는 농어촌전형 대신 성
균관대에 지원했다. 고려대 농어촌전형은 1대1로 마감했다. 이후 수
만휘에서 자기는 성적 별로 안 좋은데 첫날 지원하고 1대1로 끝나서
고려대 합격했다는 글을 볼 수 있었다.

세 번째 제안 - 삼수 편

"쌤, 저 수능 봤어요."

"삼수한다는 이야기 들었어. 잘 봤니?"

"그럭저럭 본 거 같아요. 인서울 하고 싶어요!"

"지금 숭실대 다니고 있잖아. 거기보다는 높은 데 써야지."

"숭실대는 다시 갈 수 없어요. 다른 대학 가야 해요."

숭실대 자퇴할 때, 학과장이 간곡히 말렸는데, 뿌리치고 나와 갈 수 없다는 이야기를 들었다.

"어디 쓸 생각이야?"

"동덕여대랑 광운대요."

"숭실대보다 높은 데 쓰고, 떨어지면 숭실대 재입학하자."

"숭실대는 절대 안 돼요."

"그러면 그거보다 높은 데 쓰자."

정시 원서 마감 날

"이화여대 ○○과, 숙명여대 ○○과, 서울여대 ○○과 3개 쓰자. 2개는 소신이고 서울여대는 붙을 거야."

"네 쌤, 집에 가서 쓸게요."

어딘가 익숙한 패턴이다. 집에 가면 광운대, 동덕여대 쓸 것 같았다. 사람 쉽게 안 변한다.

"정정아! 웃기지 말고! 지금 여기서 써!"

"신용카드랑 결제 수단이 집에 있어요."

"알았어, 내 핸드폰으로 결제해!"

"어떻게 그래요, 집에 가서 쓸게요."

"진학사 로그인해라."

결국, 그 자리에서 원서 3장 결제하고 집으로 갔다.

10일 뒤 서울여대 합격했단 문자를 받았다. 2주일 뒤 이화여대 불합격, 숙명여대 예비 10번 받았다는 문자를 받았다. 그리고 4주 뒤 문자가 왔다.

'쌤 저 이화여대 붙었어요. ㅜㅜㅜ 오늘 1차 추가합격 날이었거든요. ㅜㅜㅜ 너무 기뻐요. 진짜…. ㅜㅜㅜ'

그렇게 정정이의 이야기는 마무리 지었다. 내가 옳다는 이야기가 아니라, 무모한 도전은 안 했으면 좋겠다. 숭실대는 잠깐의 불편함만 참으면 계속 다닐 수 있다. 이 상황에서 하향 지원하는 건 이해하기 힘들다.

'자존심만 버리면 되나요? 그래도 아직 새 건데' 이런 생각이면, 조금은 이해할 수 있다. 자존심이 새것이라서, 대학교 재입학보다 가치 있을 수 있다. 하지만 나는 그런 친구들에게 "네가 안 그랬으면 좋겠어!!"라고 말해주고 싶다.

'수시, 정시 원서 모두 다 떨어졌으니, 이번엔 잘될 거야!'라고, '예전에는 운이 안 좋았다'라고 생각하는 건 도박중독자에게 자주 볼 수 있는 모습이다. 12년간 공부한 결과를 운이 안 좋아서라고 생각하면, 뭔가 잘못된 거다. 떨어진 건 붙을 확률이 낮은 걸 지원해서다.

디자이너가 되고 싶어요
정시 오수 2013 건양대, 의대

형형이는 부모님이 치과의사, 의사가 되기를 바라던 친구다. 많은 부모님이 자식이 전문직 되기를 원하는데 형형이는 수능 성적 결과도 좋고, 농어촌전형도 지원할 수 있어서 정시로 지방 의대나 치대에 지원할 수 있는 상황이었다. 예전에는 농어촌전형 정시 의대의 경우 수능 등급 3 합 4에서 3 합 6을 맞춰야 지원할 수 있었고, 형형이 수능 결과도 3 합 5로 지방 의대나 치대에 지원할 수 있는 상황이었다.

그런데 수능 끝나고 수능 성적 발표 후 대학 진학에 관해서 이야기할 때, 갑자기 의류 디자이너가 되고 싶다고 했다. 현재 지방 의대, 치대에 갈 수 있는 성적이라 설득하려 많은 이야기를 했다.

"형형아 어떤 디자인을 하고 싶은데?"
"〈프로젝트 런웨이〉란 프로그램을 봤는데, 열심히 옷 만드는 디자이너가 멋있어 보여서 하고 싶어요."

"그럼 대학교는 어디 생각하고 있어?"

"서울대 의류학과는 농어촌전형이 수시에 이미 지나가서, 성균관대 의류학과 생각하고 있어요."

"쌤이 디자인 쪽은 아는 게 없어서 도움 줄 수 없는데, 일반적으로 대학교는 방송에 나오는 것처럼 계속 옷만 만드는 게 아니고, 이론적인 부분을 많이 배워서 실제로 옷 만드는 건 생각만큼 안 할 거야."

"의류학과 중에선 성균관대가 제일 높아서 생각하고 있어요. 아니면 외국에 나가서 제대로 배워보고 싶어요."

"지금 열심히 공부해서 여기까지 왔어. 의류학과는 나중에도 수능 공부해서 갈 수 있지만, 치대나 의대 지원하는 건 지금 아니면 어려울 거 같아. 의류학과 지금 선택해서 만족하며 살면 좋겠지만 아니면 네가 살면서 지금 의대 포기하는 것을 계속 후회할 수도 있어. 쌤이 정말 걱정하는 건 후회할 확률이 아주 높아서 이야기하는 거야."

"그래도 지금 이쪽으로 안 가면 후회할 거 같아요. 성균관대 쓰고 싶어요."

이후로도 여러 번 이야기 나눴지만, 형형이의 마음을 돌리기는 힘들었고 원서 쓸 때 즈음해서는 연락도 되지 않았다.

결국 형형이는 성균관대에 입학했고 이후 중간고사 보고 나서 나를 찾아왔다.

"쌤, 제가 생각했던 것과 많이 달라서 재수하고 싶어요. 옷 만드는 것도 배우고, 열심히 하고 싶었는데, 실습도 적고 제가 생각했던 거랑 아주 달라요."

"그래, 일찍 결정해서 다행이다. 일단 학교는 휴학하고, 재수학원 등록하고 공부 시작하자. 의대 가는 친구들 재수나 삼수해서 많이 가니까 지금 늦은 건 아니야."

"쌤 근데 한 달 반 지나고 6월 중순에 종강하고 공부하고 싶어요."

"형형아 작년 수능 끝나고 지금까지 수능 공부 6개월 쉬었잖아. 지금부터 시작해도 빠듯해, 하물며 의대 목표면 바로 시작해야지."

"그래도 학기 시작한 건 마무리 짓고, 반수 하고 싶어요."

1학년 1학기를 종강하고, 2학기에 휴학하고 수능 공부를 시작했다. 수능 성적이 모자라서 의대에서 떨어졌다. 삼수할 거면 제대로 재수학원 들어가라고 권유했지만, 2학년 1학기에 복학해 다시 2학기 휴학하고 수능 공부를 시작하고, 의대에 떨어졌다. 3학년 1학기 복학하고 2학기에 다시 수능을 봤지만, 결과가 좋지 못했다.

"형형아 한 학기 대학 다니고 5개월 공부해서 수능 준비하는 건 아닌 거 같아. 성균관대 계속 다닐지, 재수할지 지금 제대로 할지 결정해야 할 거 같아."

"재수학원 등록해서 공부하는 게 좋을 거 같아요."

"그래, 영어랑 국어는 잘하니까 조금만 다듬고, 수학, 과학만 잘 준비하면 될 거야."

"그래도 잘 놀았으니까 마음 편하게 공부할 수 있을 거 같아요."

"다행히 다음 해까지, 농어촌전형 의대 정시가 있으니까. 일단 최저 기준 잘 맞추고 1년만 열심히 해보자."

정말 다행히 건양대 의대에 합격했다. 성균관대 의류학과를 선택해서 4년을 돌아왔지만 원래 자리로 돌아와서 다행이었다. 6년 의대 생활에 인턴 1년 마치고, 강남 피부과 페이닥터 2년을 지낸 후 지금은 정신의학과 전문의 과정에 있다.

학원 다니는 친구들에게 이 친구 이야기를 해주면 "4년이나 늦게 의대 가면 뭐해요"라고 말하는 친구도 있다. 그러면 이렇게 이야기를 해준다.

"30살에 의사인 거랑 30살에 회사 대리인 거랑 어떤 게 좋을 거 같아?"

인생에서 4년은 부모님의 기준에선 긴 시간은 아니다. 하지만 이제 20살이 된 친구들에겐 정말 긴 시간이다. 하지만 원하는 것이 있고, 가능성이 있을 때 노력하는 것도 필요하다. 단순히 대학이 맘에 안 든다고 재수하는 것이 아닌, 간절히 원하고 노력할 준비가 된 친구들에겐 재수도 인생 살며 지나는 과정일 수 있다.

수시 6장 다 붙고 재수

2021 일반전형 G고 내신 2점 중앙대 사학과

내신 2점의 지혜는 모의고사 성적이 잘 나오는 편이라 최저 있는 전형 위주로 지원하고 싶어 했다. 성적이 좋은 편이라 높은 곳에 지원 해보자고 했지만, 떨어지면 어떡하냐며 낮은 대학에 지원하길 원했다. 중앙대, 경희대, 건국대, 국민대 라인에서 원서를 쓰자고 했다.

2020학년도에 국민대 원서를 쓰고 나서 저녁에 불안하다고 전화 했고, 충분히 합격할 성적이니 걱정하지 말라고 했다. 다음 날 아버님 께서 중앙대, 경희대 쓰는 게 너무 높지 않냐고 말씀하셨다. 오후 2시 정도에 중앙대, 경희대 원서를 쓰라고 학과와 전형을 정해줬다. 최종 경쟁률이 중앙대 교과전형 사학과가 6대1 정도 나와서 최저만 맞추 면 합격할 것 같았다.

지혜한테 경쟁률 잘 나왔으니, 최저공부 열심히 하라고 했는데, 너 무 높은 것 같아서 쓰지 않았다고 했다. 경희대, 중앙대 왜 안 썼냐고 이야기했더니, 다음 날에 학원에 오지 않았다.

학교 담임 선생님이 추천해준 대로 원서를 썼고, 셋째 날 학원에서 쓴 국민대가 가장 높은 학교였다. 단국대, 공주대사범, 충남대, 경기대를 썼다고 했다. 같은 학교 다니던 내신 2점 중반대의 형지가 숙명여대와 인서울 대학에 붙는 걸 보고 많이 아쉬워했다. 원서를 쓴 6곳 다 붙었다. 그런데 주변에 성적이 낮은데도 자신보다 좋은 곳에 간 친구들이 많았다.

결국 재수를 결정했고, 다음 해에 작년에 추천했던 중앙대 교과전형 사학과에 합격했다. 중앙대 합격하고 학원에 찾아왔다. 고생했고, 정말 잘됐다고 축하를 전했다.

수시 전형에서 1~2개 합격하면 다행히 붙었다고 느낀다. 하지만 6개 모두 붙는 경우는 성적 대비 낮은 학교를 쓴 경우가 대부분이다. 합격자 발표 후 자기보다 성적이 낮은 친구들이 좋은 대학에 붙으면 마음이 안 좋을 수밖에 없다.

재수는 대학교 다 떨어져도, 다 붙어도 한다. 재수는 용기가 너무 넘쳐도, 불안함이 너무 커도 한다.

Chapter. 6

전학, 자퇴,
고등학교 선택의 중요성

대학교 입시를 위해서 전학과 자퇴를 선택하는 친구들을 자주 본다. 예전에는 별로 없었지만, 요즘에는 많은 친구가 선택한다. 여러가지 이유가 있지만, 대부분 내신을 챙기기 위해서 전학한다. 혹은 자퇴를 선택해서 고등학교 내신을 초기화하는 친구도 있다.

예전에는 H고 같은 명문고등학교에서 자퇴나 전학 가는 친구들을 많이 봤다. 170명이 입학하고 1학기가 끝나면 10명가량이 전학을 갔다. 중학교 때 전교 1~2등 하던 친구들이 고등학교 가서 내신 6~7등급이 나오면 정시 말고 답이 없다고 생각한다. 학부모님도 대학 입시에 관심이 많기 때문에 전략적으로 전학을 선택하시는 분들이 많다. 특히 의대를 보내고 싶어 하는 부모님들은 내신 초기화를 위해서 아예 자퇴시키고 다른 고등학교로 재입학하는 경우가 많다.

요즘에는 명문고뿐만 아니라 일반고에서도 이런 선택을 많이 한다. 내신 받기 위해서 간 고등학교에서 생각보다 성적이 나오지 않는 경우, 자퇴나 전학에 대해 상담이 많이 온다. 의치한약을 목표로 하는 경우 명문고는 1점 후반, 일반고는 1점 초중반의 성적이 필요해서 일정 수준에 못 미치면 상담하러 오시는 분들이 많다. 하지만 전학이나 자퇴를 하는 경우, 이후 고등학교 선택이 매우 중요하다. 공부 잘하는 친구들의 분포가 어느 정도 되는지, 공부 안 하는 친구들 비율이 어느 정도 되는지 잘 알아봐야 한다. 막연하게 어느 고등학교가 내신 받기 쉽다고 생각해 선택하는 경우 전학이나 자퇴가 의미 없게 되는 경우도 있다.

요즘은 이 지역에서도 자퇴, 전학하는 친구들이 늘고 있다. 고등학교를 선택할 때 신중했으면 좋겠다. 특히 의치한약수, 서울대, 연·고대를 원하는 경우, 학교별 필요한 내신과 입학했을 때 내신이 어느 정도 나올지 등을 객관적으로 판단해야 한다. 자퇴나 전학을 하려면 최대한 빨리 결정해서 진행해야 한다.

반에서 나만 3등급

2016 일반전형 A고, K고 내신 1.2점 서울교대, 공주교대

수수는 A고에 군자녀전형으로 입학했다. 입학식 며칠 뒤 3월 첫 모의고사를 보고, 가채점해서 선생님께 제출했다. 많은 친구가 성적 이야기를 하는데, 대부분 친구의 모의고사 수학 점수가 80점 이상이었다. 수수는 열심히 풀었지만 68점을 맞았다. 많이 상심하고, 부모님과 상의 끝에 아빠 근무지 근처 고등학교로 전학을 알아보다, 학원으로 상담을 왔다.

"수수야 선행은 어디까지 했니?"

"겨울 방학 때 EBS 보고 고1 1학기 원의 방정식까지 공부했어요."

"책은 어떤 거로 공부했어?"

"EBS 교재랑 쎈수학 풀었어요."

"그래, 나중에 뭐 하고 싶니?"

"쌤, 하고 싶은데 성적이 낮아서 힘들 거 같아요."

"A고등학교에 잘하는 애들 많지?"

"잘하는 애들 많아요. 국어, 영어는 어느 정도 봤는데, 반에서 저만 수학 3등급이더라고요."

"이 지역 B고등학교는 문제를 어렵게 안 내는 편이라 공부 열심히 하면 A고등학교에서 공부한 거보다 대학 잘 갈 수 있어."

"중학교 때 너무 안 했던 거 같아요."

"여기는 네가 공부 열심히 하면, 등급 잘 나올 거야. 그리고 B고등학교는 노는 학교 이미지라 공부 잘하는 친구들이 잘 안 와. 등급 확실히 챙기고, 최저 맞추면 학교장추천서 받아서 서울대도 쓸 수 있어."

"어머님 결정 빨리하셨네요. 보통은 힘들게 입학시킨 고등학교에서 전학 보내기 쉽지 않은데요."

"학교에서 거의 뒤쪽인데, 열심히 해봐야 상위권 하기 쉽지 않을 거 같아서 결정했죠. 애 아빠도 여기 근무하고요."

"다른 고등학교는 공립이라 학기 초 전학을 잘 안 받아주고, B고등학교는 사립이라 전학을 잘 받아줘요. 평판은 안 좋은 편인데, 내신 잘 받기는 좋습니다. 서울은 중학교 때 엄청나게 공부를 많이 시켜, 고1 때 차이가 크게 납니다. 그러면 고2, 고3 때도 격차를 줄이기 어려워 나쁜 선택은 아닌 것 같습니다."

수수는 평일에는 B고등학교 기숙사에서 생활하고, 주말에는 학원 수업 들었다. 고3 1학기를 마치고 모든 과목 내신 1.2점을 받고, 수시로 서울교대 최초합, 공주교대 예비 2번 받아 서울교대에 입학했다.

"강원도에서 중학교 다닐 때, 학교에서 1등이었는데, 고1 때 첫 모의고사 보고 반에서 거의 꼴등인 거 같아 밤새 울었어요. 그래도 그때 전학해서 잘된 거 같아요."

"수수야, 어머님께 감사드려! 대부분 어머님은 어렵게 입학한 고등학교에서 절대 다른 고등학교 전학 안 시켜, 어머님이 현명한 분이야."

"쌤, 고등학교 입학해서 하위권이면 성적 잘 받는 학교로 바꾸면 되잖아요."

"수수야! 넌 지금 고등학교 마치고, 대학도 잘 갔으니까 당연한 상식처럼 생각하는 거야. 어머님처럼 빨리 결정하시는 부모님은 거의 없어. 혹시 친구 중에 좋은 고등학교 입학하고, 바로 전학 간 친구 있니?"

"없는 것 같아요."

"다른 어머님들은 애들한테 열심히 해서 버티라고 해. 수수 어머님 같은 분 없어."

서울대 최저 못 맞추고 재수해서

2019 HM고 내신 4.3점, G고 내신 1.1점 연세대

학원에는 정말 다양한 상황의 친구들이 오고, 그에 따라 다양한 선택을 한다. 영영이는 HM고에 입학하고, 부모님의 근무지 때문에 이 동네로 이사 왔다. 학원 수업을 들으며 친구들과 잘 어울렸다. HM고에서 내신 4점 초반이었는데, 모의고사 성적이 안 나오는 친구들이 2점 초반 나오는 것을 보면서 성적을 아쉬워했다. 2학년 1학기 기말고사를 치른 후 G고로 전학을 왔다.

"영영아 G고 이번 학년에 서울대 지역균형전형 최저 맞추는 애들 없어서 지금 모의고사 성적 유지하면 추천서 받을 수 있어."

"내신 얼마나 나와야 해요?"

"어차피 수능 최저 맞추는 애들 없어서, 부모님께서 학교 찾아가서 추천서 달라고 하면 받을 수 있을 거야."

"내신 성적이 어느 정도는 나와야 하지 않나요?"

227

"지역균형전형 최저가 2등급 이내 3개라서(2018) 경쟁률 2대1 이내면 내신 성적 나빠도 붙을 수 있을 거야."

"G고 가면 내신 1점대 나와야 하는 거죠?"

"지금 4점 초니까, 2학년 2학기, 3학년 1학기 1점 초반 나오면 2점 중반까지는 만들 수 있으니까. 경쟁률 2대1 이내면 무조건 면접 갈 수 있어."

"지역균형전형 최저 못 맞추는 친구들 많나요? 서울대 쓰는 애들인데."

"시골 학교 애들은 2등급 3개 이내 최저 맞추는 애들아 별로 없어서, G고도 몇 년 동안 추천서 받은 애가 거의 없어. 일단 내신만 챙기고 준비 잘해."

2학년 2학기에 1점 후반, 3학년 1학기에 1점 초반 내신을 받아 최종 2.7점으로 마감했다. 최저 있는 전형 위주로 대학교를 지원하기로 했다.

"쌤이 서울대 추천서 여쭤봤는데, 학년부장쌤이랑 상의해서 결정해야 한다고 하셔서요. 추천서 받을 수 있겠죠?"

"어떻게든 받아야지. 이번 주에 어머님 매일 학교 가시라고 해. 안 되면 금요일에 아버님이랑 어머님 같이 학교 가시라고 해. 최저 맞출 수 있으니까 추천서 받을 학생 없으면 추천서 달라고."

"그럼 될까요? 서울대 추천서는 회의해서 결정한다고 하셔서요."

"학교 입장에선 학생이 최저 맞추면 서울대 합격 확률이 높아지니까 손해 볼 것 없어. 어차피 너 말고 수능 잘 나오는 애도 없고, 무조건 경쟁률 낮은 데 써서 합격할 거라고 설득하면 돼."

다행히 서울대 추천서를 받았다. 수시 접수를 할 때 수능 최저 있는 전형으로만 지원했다.

서울대 지역균형전형 의류학과 1.4대1, 고려대 농어촌전형, 종합전형, 연세대, 중앙대 최저 있는 전형을 지원했다. 수능은 수학 1등급, 영어 1등급이었고, 국어는 2등급과 3등급 사이에 걸쳐있었다.

"서울대 최저만 맞추면 합격하는 거죠?"

"경쟁률 1.4대1이면 아마도 서울대 의류학과 미달 나올 거야. 수능 성적 기다려보자."

"국어 항상 1등급 나왔는데, 이번에 등급 컷이 너무 높아서 걱정이에요."

수능 보고 서울대 1차 합격 발표가 나왔고, 면접에 다녀왔다. 면접에서 교수님들에게 잘 대답한 거 같다며 많이 좋아했다. 하지만 12월 초 성적표 나왔고 수학 1등급, 영어 1등급, 국어 3등급으로 서울대 최저를 맞추지 못했다. 수시에서 나머지 대학은 모두 불합격하고, 정시에서 숙명여대에 합격했다.

서울대 1차에 붙은 기억이 무척 컸는지 스카이에 가고 싶다며, 재수를 선택했다. 재수학원에서 열심히 공부해서 다음 해 정시로 연세대 행정학과에 합격했다.

영영이는 학원에 다닐 때 이런 이야기를 자주 했다.

"처음부터 HM고 말고 G고 갈 걸 그랬어요. 그러면 편하게 대학 갈 텐데."

시골 수학쌤은 이런 이야기를 자주 듣는다. 명문고에 진학해서 학생이 잘하면 더할 나위 없이 좋지만, 그렇지 않은 경우도 많이 본다. 부모님도 명문고에 입학하면 좋아하시지만, 1학년 1학기 성적이 나오면 후회하는 경우를 많이 본다. 내신이 안 나올 거 같으면 빨리 전학 가는 것도 좋은데, 어머님 대부분은 결정을 잘 못 한다.

내신 리셋, 자퇴

고등학교 입학 후에 생각보다 성적이 안 나오는 경우가 많다. 스카이나 의대를 원하는 친구들은 내신 성적이 2점 정도 나오면 열심히 해서 1점대로 올릴 수 있다. 하지만 명문고라 하더라도 내신이 3점보다 낮으면, 정시 외에는 방법이 없다.

학원에 다니던 영영이는 경기권 명문고에 입학했다. 입학 당시 공부를 잘하는 친구들이 많아서 나름 열심히 공부했음에도 내신 성적이 낮았다. 1학년 때 자퇴를 하고 이 지역 고등학교에 재입학했다. Y고에 입학했지만 내신 성적은 잘 나오지 않았고, 정시로 대학 갔다.

명문고에서 전학 오는 경우 지역 고등학교를 얕잡아 보는 경향이 있는데, 신중하게 선택해야 1년이란 시간을 허비하지 않을 수 있다. 내신을 챙기려고 자퇴나 전학을 선택하면, 확실히 내신을 챙길 수 있는 학교를 선택하는 게 유리하다.

한때 이 지역에서 유명했던 친구도 있다. 1학년 때 내신 1점 초반이 나왔는데, 2학년 1학기 중간고사에서 2등급, 3등급이 나올 것 같은 과목이 나오자, 기말고사 전에 자퇴를 했다. 학원 다니는 친구들은 그 친구를 이해할 수 없다고 했다.

2학년 1학기에 자퇴하는 경우, 같은 학교에 복학하면 2학년으로 시작한다는 말을 들었을 때, 그런 조건이면 자퇴도 대입 측면에서 나쁜 선택은 아니란 생각이 들었다.

요즘 의대를 가려면 1점 초반, 1점 초중반의 내신이 필요한데, 1학년 내신을 살리고, 2학년 내신을 리셋하면 나쁜 선택이 아니고 재수보다 의대 갈 확률이 높은 선택이란 생각이 들었다. 자퇴하고 나서도 스터디 카페에서 열심히 공부한다고 들었다. 얼굴은 모르지만 열심히 하는 친구라, 응원하는 친구다.

의대나 스카이 가려고 재수, 삼수하는 친구들도 많이 본다. 차라리 안정적으로 의대를 갈 수 있다면, 재수, 삼수보다 전학, 자퇴가 더 유리할 수 있다.

좋은 고등학교를 선택해서 좋은 대학에 가면 가장 좋다. 나쁜 고등학교를 선택해서 좋은 대학에 가도 좋다. 좋은 고등학교 선택해서 안좋은 대학 가는 경우를 많이 본다. 나쁜 고등학교 선택해서 기대보다 좋은 대학 가는 경우를 많이 본다.

좋은 고등학교에 진학해야 좋은 대학 갈 수 있다는 선입견은 없었으면 한다.

학교생활 문제

고등학교에서 친구들과 문제가 있어 전학, 자퇴를 하는 친구들의 이야기를 많이 듣는다. 가르치는 학생 중에서도 자퇴나 전학을 생각하거나 실제로 하는 경우도 가끔 본다.

고등학생은 아침부터 4시 반까지 학교에서 수업을 듣는다. 친구들과 문제가 있으면 학교에 머무는 8시간이 악몽인 것이다. 성격에 따라서 무던히 넘기기도 있지만, 그런 상황을 참지 못할 만큼 힘들어하는 경우도 많다.

몇 년 전 이 지역과 가까운 고등학교에서 내신 1점대를 맞는 친구가 2학년 2학기에 자퇴한 일이 있었다. 입학할 때부터 여학생들과의 사이가 좋지 않았고, 괴롭힘도 지속되었다. 일반 공립 고등학교 같았으면, 가해자 친구들에게 주의나 징계를 주고, 심한 경우 강제 전학을 보내기도 하지만, 학년 정원이 90명인 사립고등학교에선 이 친구들

233

에게 주의만 줄 뿐 실질적 징계를 하는 경우는 거의 없다.

학원에 다니던 우석이가 이 친구 이야기를 했을 때, 내신만 챙기면 서울대나 의대 갈 수 있으니 버티거나 전학 가는 게 좋지 않을까 이야기했는데 2학기 시작하고 자퇴했다. 재수 학원 가서 공부하고 미국에 있는 대학에 입학했다.

30년 전, 시골 수학쌤이 고등학교 다닐 때와 현재의 학교폭력 상황은 많이 다르다. 요즘은 여러 친구가 학교에서 문제 되지 않을 정도로 한 아이를 지속해 괴롭힌다. 그 기간이 한 달, 한 학기, 1년, 졸업 때까지 이어지는 경우도 있다.

학교생활이 힘들 때, 여건이 된다면 빨리 전학하는 것도 한 방법이다. 조금만 더 참아보라는 부모님의 말씀에 잘 버티는 친구도 있지만, 세상에 날 도와줄 사람이 없다고 생각하는 친구도 있다.

학교생활에 힘들어하는 자녀가 있는 부모님이 아이의 이야기를 잘 들어주면 좋겠다.

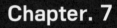

Chapter. 7

변화하는 입시제도,
입시에서 중요한 것들

2024학년도 입시부터는 수시에서 자기소개서가 사라진다. 자기소개서는 잘 쓰면 부족한 성적을 보완하는 데 좋지만, 오랫동안 글을 쓰지 않던 친구들에겐 가장 큰 어려움이 된다.

학교 입장에서는 자기소개서로 일정 수준 이하의 학생을 거를 수 있었기에, 자기소개서가 없어진 만큼 학생을 선별하기 위한 면접이나 수능 최저가 확대되고 있다.

수능 최저의 확대가 시골 학교 친구들 입시에 큰 영향을 미칠 것 같다. 시골 학생의 경우 도시 지역 친구들보다 수능 성적이 안 좋다. 반면에 내신 성적이 안 좋지만, 수능 최저를 맞출 수 있는 친구는 높은 대학에 갈 확률이 높아질 것 같다.

또, 자기소개서 덕분에 수시 원서를 쓸 때, 눈치작전이 적었는데 이제는 눈치작전이 본격적으로 시작될 것 같아서 지금 학원에 다니는 친구들이 예전 선배들이 대학 가던 만큼 잘 갈 수 있을지 걱정이 된다.

고교학점제로 2023년 현재 중2부터 고1 때는 내신 성적이 등급 산출되지만, 고2, 3 때는 성취도(A, B, C, D)로 산출될 예정이다.

현재는 내신 잘 받는 고등학교가 입시에 유리하지만, 앞으론 고1 내신이 중요하다. 특히 내신 비중이 낮아지면 앞으로 자사고, 특목고가 유리해질 수 있지만, 고1 때 상대평가인 내신등급만 있어도 학생 우수성을 확인하는 게 어렵지 않다. 다양한 대비가 필요하다.

자기소개서의 추억

2024학년도부터 사라집니다

시골 학원에선 짧게 준비하는 친구들은 2주, 길게 준비하는 친구들은 두 달씩을 써서 자기소개서를 수정한다. 3학년 1학기 기말고사를 마치고 자기소개서를 일찍 시작하는 친구들은 두 달 동안 글쓰기 실력이 몰라보게 는다. 처음에는 글이 어색하지만 한 가지 주제로 두 달 동안 글을 쓰고 생각하다 보면 면접 준비에도 도움이 된다.

그간 자기소개서 입력 마감 시간까지 많은 사건이 있었다.

호랑이, 곰, 사자, 하마
– 2020 농어촌전형 Y고 5.2점 공주대

선경이는 내신 5.2점 정도로 원주로 이사 예정이라 연세대 미래캠, 공주대, 순천향대 등 지원했고 경쟁률이 잘 나왔다. 연세대 농어촌전형 패키징학과 1.5대1, 공주대 농어촌전형 광공학과도 2대1 정도 나왔다.

연세대 경쟁률이 잘 나오긴 했는데, 패키징학과는 예상하지 못한 학과라 자기소개서 4번 내용을 수정하고 있었다.

"선경아, 자기소개서 다 써가니?"
"지금 첨삭해서 거의 다 했어요."
"2시간 남았으니까 빨리 마무리해."

밖에 나갔다가 5시 45분 정도에 돌아왔는데 선경이가 계속 자기소개서 작업을 하고 있었다.

"선경아 미리 써놓은 거 다 입력했지?"
"아뇨, 지금 다 쓰고 입력하려고요."
"지금 글 멈추고 빨리 입력해, 시간 없어."
"네, 바로 할게요."

"쌤 입력이 안 되는데요? 1번 문항에 특수문자 오류라고 해요."
"화면 봐봐. 특수문자 쓴 거 다 지워야 해."
"쌤, 2번도 떠요."
"일단 특수문자처럼 보이는 거 다 지워."

화면에 보이는 특수문자를 다른 문자로 바꾸고 있었다.

"그냥 지우고 빨리 입력해."

선경이는 특수문자를 다 지우고 자기소개서 입력 버튼을 눌렀다. '자기소개서 입력 기간이 아닙니다.'라는 메시지가 화면에 떴다.

자기소개서 확인 화면을 열었더니, '1번 문항 - 호랑이', '2번 문항 - 곰', '3번 문항 - 사자', '4번 문항 - 하마'라고 기록돼있었다.

학생 본인, 어머님, 아버님이 연세대 입학처에 자기소개서 점수 0 점이라도 좋으니, 제출로 인정해달라고 계속 전화했고, 1차 붙고 최종합격했다. 하지만 공주대 광공학과에 입학했다.

원서 쓰고 나서 가고 싶은 학과에 필요한 경우 적극적으로 연락하는 것도 나쁘지 않으며, 경쟁률이 낮은 경우는 학교에 대한 간절함으로 보일 수도 있다.

자기소개서 잘못 냈어요

자기소개서 마감 시간이 지나서 림림이 어머님에게 전화가 왔다.

"이화여대 사이버보안과에 경희대 자기소개서를 입력했는데 괜찮을까요?"

"아……."

"떨어지겠죠?"

"일단 최저 있으니 최저 준비 열심히 해야죠. 이화여대는 최저가 어려워서 농어촌전형에서 맞추는 비율이 낮습니다."

주요 대학 자기소개서에 다른 대학 이름이 들어간 자기소개서를 제출하는 경우 합격하기 힘들다. 2019학년도 림림이는 이화여대에 불합격했다. 한양대 건축과에 입학했다.

2021학년도에 똑같이 이화여대에 경희대 자기소개서 제출한 솔솔이는 최저 맞추고 합격했다.

자기소개서 대필

재수하는 친구가 입시 상담을 왔다. 내신 3점 초반이고 국민대, 경기대, 충남대, 공주대, 한밭대를 지원했지만 모두 1차에 불합격했다.
인서울 학교는 학교 등급, 생기부 기록 상태 등을 종합적으로 판단하지만, 국립대는 내신 성적이 높은 게 유리해서 높지 않은 학과로 지원한 공주대나 한밭대까지 떨어지긴 힘든 성적이었다.

"생기부랑 작년에 제출한 자기소개서 보자."
"생기부는 여기 있고, 자기소개서는 메일에 있는 거 보내드릴게요."

자기소개서 글이 학생이 쓴 거 치고, 상당히 잘 정리되어있었다. 학생에게 직접 자기가 쓴 글인지 물어봤는데, 컨설팅 업체에서 만들어줬다고 했다.

"쌤 생각엔 자기소개서가 문제인 거 같아. 지원대학 선정은 문제없고, 경쟁률도 특별히 높지 않아서."

"그럼 자기소개서 다시 써야 하나요?"

"다시 쓰는 게 안전할 거야."

"학원에서 대필은 안 해주세요?"

"나한테 얼마 줄 건데? 한 500만 원 주면 써줄게, 네가 쓰고 여기서 첨삭 받아. 최저 준비할 것도 아니잖아."

"자기소개서 쓰는 게 너무 힘들어서요."

"자기소개서 쓰다 보면 글 쓰는 것도 늘고, 나중에 면접 볼 때 생각 정리하는 것도 도움되니까. 일주일에 3번씩 와서 첨삭 받고 가."

작년과 비슷하게 지원했고 충남대에 합격했다.

예전에는 자기소개서를 쓰기 싫어서 대필하는 경우가 많았다. 하지만 대학교에 떨어졌을 때 명확한 이유를 알 수 없다. 자기소개서가 문제인지 확인할 수 없지만, 지역 국립대는 출석이 문제없는 경우 성적이 높으면 1차는 거의 붙는다. 재수생 입시 상담하면서 자기소개서 표절로 재수하는 경우를 종종 봤다.

국립대 지원의 경우 글을 못 써도 학생이 직접 쓰는 게 유리하다.

엄마표 자기소개서
– 조언 안 받는 친구, 컨설팅하러 왜 왔을까?

자기소개서 첨삭을 하다 보면 학생이 쓴 글인지 나이가 많은 어른이 쓴 글인지 티가 난다. 특히 자식 교육에 관심이 많은 어머님이나 아버님이 글을 대신 써주는 경우가 있다. 두훈이의 자기소개서를 보고, 정현쌤에게 도훈이 자기소개서 봤는지 물어봤다.

"정현쌤, 두훈이 자기소개서 봤어? 학생 글 아닌 거 같던데."
"학생이 쓴 건지 모르겠어요. 어머님이나 나이 조금 있는 여자분이 쓴 거 같아요."
"첨삭하면 나아지겠지."
"첨삭해서 보내면, 다시 원래 있던 방향대로 바꿔와요."

1주일 뒤 정현쌤이 학원 친구들 차례로 첨삭해주는데, 두훈이가 먼저 첨삭해달라고 이야기해서 순서대로 하는 중이니까 기다리라고 하자 다음부터 자기소개서 첨삭을 하러 오지 않았다. 원서 접수할 때 자기소개서를 봤는데 처음과 별 차이 없었다.

"자기소개서는 첨삭 받은 거니?"
"담임쌤한테 첨삭 받고 있어요."
"서울 쪽 대학은 군 관련 내용 넣으면 안 되는데."
"담임쌤이 괜찮다고 하셔서요."
"동국대 북한학과 학추도 쓸 거니?"
"동국대 성적으로 환산하면 제 성적도 적정이라고 떠서 담임쌤이 써보라고 하셔서요."
"그럼 동국대 학추 북한학과, 충남대 국토안보학과 빼고 4장 쓰면 되는 거지? 충북대랑 상향으로 3장 쓸게."

"한국외대 페르시아어·이란학과 1차 붙었어요. 면접 준비하러 언제 가요?"
"내일 점심 먹고 와."

한국외대뿐만 아니라 다른 대학 면접도 지원동기, 진로에 군사 안보 전문가로 방향을 잡고 답변을 준비했다.

"두훈아 원래 대학교에서 교수님은 언어, 역사, 문화를 열심히 배울 사람을 뽑아. 이란이 세계정세에 미치는 영향, 군사 안보전문가 되고 싶다는 내용이 여기 왜 있니."
"담임쌤이 괜찮다고 하셔서요."
"담임쌤은 지금까지 인서울 쪽 대학 많이 보내셨니?"
"그건 잘 모르겠어요."

인서울은 외대, 국민대에 면접을 다녀왔고, 두 대학 모두 예비 번호 중 거의 뒷번호를 받아, 최종 불합격했다. 충남대 국토안보학에 합격해 입학했다.

수시가 끝난 이후 두훈이 어머님께서 자기소개서 첨삭, 대학학과 선택, 면접 준비에 불만을 표현하셨다. 자기소개서 첨삭, 원서작성이 전문적이지 못했다는 이유였는데, 자기소개서 첨삭은 어머님이나 담

임 선생님이 해주고, 학원에서 쓴 원서 4장 중 3장은 1차에 합격했
다. 면접에서도 조언을 안 받고, 학교나 본인 생각으로 준비했지만 인
서울 학교에 못 붙어서인지 불만이 많으셨다.

학원에서 같이 자기소개서, 원서 접수, 면접 준비를 한 같은 고등학
교 내신 3점 초반 친구는 경희대, 3점 중반 친구는 국민대, 3점 후반
친구는 국민대에 합격했다.

수능 최저 확대

시골 학원에서 원서를 쓸 때 최저 있는 전형은 많아도 3장 이내로만 쓴다. 의치한수를 지원하는 경우는 최저 6장도 쓰지만, 일반적으로는 2장 정도 쓴다. 시골 학원 절반 정도의 친구들은 최저가 없는 전형으로만 수시 6장 원서를 쓴다.

연세대, 고려대, 중앙대, 이화여대는 3 합 5, 6 또는 4 합 6, 7로 최저 맞추는 게 쉽지 않다. 경희대, 국민대 등의 학교는 2 합 5에서 2 합 6 정도로 쉬운 경우도 있다.

최저가 높은 경우, 최저를 맞추기만 해도 합격 확률이 높아진다. 일반적으로 수능 최저를 맞추는 비율이 30~50% 정도 되고, 특히 비인기학과는 30% 정도 된다. 인기학과일수록, 입시 결과 성적이 높을수록 최저를 맞추는 비율이 높아진다.

수능 최저 때문에 많은 친구가 울고 웃었다.

서울대 2023학년도
지역균형전형 3 합 7

시골 학교에선 서울이나 다른 대도시에 비해서 내신 받기 쉽다. 하지만 지역균형전형 추천서를 받는 친구는 많지 않다.

코로나 전인 2020학년도까지는 수능 최저가 3과목 2등급 이내였다. 상당히 많은 시골 학교 친구들이 추천서를 받지 못했고, 이과의 경우는 경쟁률이 1점대 나오는 경우가 많았다.

2022학년도부터는 수능 최저가 완화돼서 3 합 7을 맞추면서 비인기 공대는 합격 확률이 커졌지만 지원하는 학생이 많지 않다.

지금까지 입시지도 한 친구 중에서 서울대 최저를 맞춘 친구들은 거의 합격했다. 심지어 고려대나 연세대에 떨어지고 서울대만 붙는 친구들도 많았다. 하지만 그보다 더 많은 친구가 최저를 못 맞췄다.

충남대 2021학년도
문과 국영탐 3 합 11, 이과 수영탐 3 합 12

내신 5점이 넘어가면 충남대 이상의 학교를 가기는 힘들다. 문과 종합전형은 3.5점까지 합격 가능성이 있고, 그 이상은 합격이 어렵다.

한 친구의 경우 집안에서 공주대 이상의 국립대에 지원하길 바라서, 충남대 교과전형이나 지역인재전형으로 지원하기로 했다. 충남대 교과전형 최종 경쟁률이 6대1이라 최저만 만족하면 합격 가능성 컸다. 고등학교 다니는 동안 공부를 안 했지만, 고3 7월부터 수능까지 열심히 공부해서 영어 2등급, 한국지리 1등급을 맞아 최저를 만족했다. 예비 번호를 받고 추가 합격했다.

최저 준비할 때 한 과목만 잘해도 맞출 확률이 높아진다. 3 합 12를 맞추는 경우 한 과목 1~2등급이 나오면, 무조건 최저를 맞출 수 있다. 평균적으로 모의고사 4등급이 나오는 경우, 수능 최저는 쉽지 않다.

의대 최저

일반고에서 의대를 준비하는 친구 중 내신 1점 초반인 경우는 최저 없이 의대에 지원할 수 있지만, 그 외 대부분이 최저를 준비한다.

일반적으로 의대는 수학 포함 3 합 4, 3 합 5, 3 합 6 또는 4 합 5, 4 합 6, 4 합 7의 최저를 요구한다. 서울지역에선 최저는 충족하지만, 내신이 안 좋은 친구가 많지만, 시골에선 수능 최저를 맞추는 게 큰 도전이다.

내신 1.49점으로 의대를 원하던 친구가 있었다. 의대 지원할 때 내신이 안 좋은 편이라 낮은 지방 의대 위주로 지원했다. 원광대 의대는 일반 경쟁률이 20대1이라 지원하지 못하고, 원광대 농어촌전형 경쟁률이 9대1이라 지원했다. 건양대 의대도 경쟁률이 9대1 정도 나와서 지원했다. 건양대 의대는 수학 필수가 아닌 3 합 4로 탐구는 2과목 평균의 소수점 절사로 3 합 4.5를 맞춰야 한다. 의대 지망하는 친구 중 수학 성적이 나오지 않는 친구들에게 유리하다.

수능이 끝나고 영어가 1~2등급, 탐구가 1~2등급에 걸려있어서 조 마조마하며 결과를 기다렸지만, 결국 최저를 맞추지 못했다.

상위권 고등학교 재학생은 수능 등급이 모의고사 성적보다 어렵 다는 것을 알아야 한다. 4~5등급의 경우 등급이 비슷하게 나오지만 1~2등급은 수능에서 등급 유지하는 게 힘들다. 의치한수를 원하는 최상위권 n수생 2% 정도가 1등급 경쟁에 참여한다.

1등급은 과목별 응시자 4% 정도가 받는다. 여기에 2% 정도의 상 위권 n수생이 참여하면, 모의고사에서 1등급 맞던 친구의 40% 정도 의 수능 등급이 내려간다. 원래 2등급 맞던 친구가 1등급으로 오를 확률 또한 더 낮아진다.

최저 3 합 4를 맞추려면 평상시 고3 모의고사 3과목 1등급이 안정 적으로 나와야 한다. 최저 3 합 5도 평상시 3 합 3이나 못해도 3 합 4 는 나와야 수능 최저에 만족한다. 최저 3 합 6은 평상시 3 합 5는 나 와야 최저를 맞출 만하다.

시골 학원에 다니는 친구들에게는 4 합 6~7 전형의 원서 지원은 말린다. 내신 성적이 안 좋아서 합격 가능성을 높이기 위해 쓰는 경우 는 있지만 지금까지 시골 학원에서 최저 높은 을지대 의대를 붙은 친 구가 없다.

의대를 지망하는 친구는 모의고사에서 3 합 4는 나와야 한다. 내신 성적이 좋은 경우는 현역 때 합격하지 못하면, 재수도 추천한다.

약대, 수의대 최저

약대와 수의대는 의대보다는 최저가 약하다. 최저가 약한 만큼 일정 정도 내신이 1점 중후반은 나와야 한다. 을지대 의대나 대전대 한의예는 최저를 맞추면 2점에 가까운 친구도 붙는 경우가 있지만, 2점 정도 친구가 약대나 수의대 붙는 경우는 보기 힘들다. 약대, 수의대는 최저가 3 합 5부터 3 합 7 정도 된다. 고3 때 3 합 5~6은 받아야 수능에서 최저를 맞출 만하다.

서현이는 2023학년도에 고려대 세종 농어촌전형 약대에 지원했다. 내신은 2점 중반이지만, 모의고사가 3 합 4~5 나왔고, 농어촌전형에 최저가 3 합 5로 지원자가 적어서 경쟁률 5대1로 지원 마감했다. 농어촌전형에서 3 합 5를 맞추는 친구는 30% 정도 되고, 최저를 충족하면 최초합이나 추가합격이 가능한 경쟁률이었다. 수능 공부를 열심히 했다.

국영수를 주력으로 수능을 준비했다. 수학은 1등급을 받았지만, 원래 1등급 받던 영어는 3등급, 국어는 공통 부분을 틀려서 2등급 받아 아쉽게 최저를 맞추지 못했다. 최종으로 한양대 건축공학과에 입학했다.

정시의 경우 표준점수나 백분위를 기준으로 성적을 계산하지만, 최저는 등급만 본다. 최저를 1~2개 차이로 아쉽게 못 맞추는 경우가 많은데, n수생이 들어와서다. 최저가 있는 경우 정말 열심히 공부해야 한다. 상위 2% 안에 들어야 1등급을 맞는다는 각오로 열심히 해야 한다.

고려대, 중앙대 최저

2024학년도부터 연세대, 한양대 등 수능 최저가 없었던 대학에 최저가 많이 생겼다. 2023학년도 이전에는 서울에서 의대를 제외한 고려대와 중앙대 최저가 가장 어려웠다.

고려대는 3 합 5, 3 합 6, 4 합 7, 중앙대 교과전형은 3 합 6, 3 합 7로 공부 잘하는 친구들이 많이 지원했다. 시골 학교에선 연세대와 고려대 중 고려대 합격자가 훨씬 많다. 시골 학교 특성상 내신 받기가 좋아 최저만 만족하면 합격하기 쉽다. 하지만 높은 최저 때문에 많은 친구가 좌절하기도 했다.

학원에서 고려대 지원한 친구 중 농어촌전형 최저를 맞춘 친구는 거의 합격했다. 그보다 더 많은 친구는 낮은 경쟁률에도 최저(2020학년도까지 농어촌전형에 최저가 있었다)를 맞추지 못해서 불합격했다.

최저 몰빵 친구들, 정시파

좋은 대학을 원하지만 내신 성적이 안 좋은 경우, 정시를 많이 준비한다. 이 경우 좋은 대학에 합격하기 위해 수시 원서도 전부 최저 있는 전형을 쓰는 경우가 많다.

수시에서 합격하기 어렵다고 생각해서 최저가 높은 전형 위주로 쓰는 것이다. 하지만 공교롭게도, 정시파 친구들이 주로 지원하는 특정 패턴이 존재한다. 정시 위주로 하므로 정시에서 가고 싶은 특정 학과를 많이 지원하고, 내신 성적이 낮을수록 높은 최저를 준비한다. 최저가 있는 고려대는 경쟁률이 기본 10대1에서 20대1까지 나오는데 학과마다 허수가 많이 존재한다. 이런 학교들의 특징이 눈치작전이 심해서 수시 마감 전 경쟁률이 3대1인 전형이 최종 경쟁률 20대1까지 올라가기도 한다는 것이다.

어느 정도 내신이 되고 최저를 맞출 수 있으면, 높은 경쟁률에도 겁먹지 말고 쓰자. 합격하고 싶으면 일단 원서 접수부터 해야 한다.

예린이는 고2까지 내신 2.5점 정도 되던 친구다. 홍익대, 건국대 이상의 학교에 합격하고 싶어 하는데, 내신이 안 좋다고 생각해서 수시를 포기하고 정시 준비를 하는 친구다. 학원에서 건·동·홍·숙 라인 실제 합격한 친구들의 성적 보여주면서, 내신 준비 열심히 하라고 설득했다. 특히 농어촌전형이 되는 친구라 합격 가능성도 좋은 편이었지만 내신을 포기하고 수시 최저 위주로 6곳 상향을 쓰고, 정시를 준비했다. 주변 친구들이 공부를 안 한다고 걱정을 많이 했다. 원하는 대학에 가지 못했다.

같은 해에 내신 3점인 혁혁이가 최저 없이 동국대 멀티미디어공학과에 합격했다.

눈치작전 심화

　많은 학생이 원하는 학교는 눈치작전이 치열하다. 특히 서울 내 학교는 마지막까지 경쟁률을 확인하고 지원하는 사람이 많다. 5대1이던 경쟁률이 마감 때 20대1이 넘어가는 경우도 많다.

　2023학년도까지는 자기소개서가 있어서 눈치작전에 제약이 있었다. 원서 마감 후 자기소개서 수정 기간이 2~3일 정도 있었다. 이 기간에 자기소개서 수정이 어려워서 자기소개서 있는 전형은 눈치작전이 아주 치열하지 않았다. 반면 자기소개서가 없는 전형은 눈치작전이 치열했다.

　앞으로는 자기소개서가 사라져서 눈치작전이 많이 치열해질 것 같다. 특히 서울 내 대학은 경쟁률을 확인하면서 원서 쓰는 학생이 많아질 것 같다.

경쟁률 확인

- 진학사, 유웨이

원서 접수는 진학사나 유웨이에서 한다. 경쟁률은 원서 접수 사이트에서 확인할 수 있다. 원서 접수 첫날부터 경쟁률을 확인할 수 있고, 학교마다 경쟁률 업데이트 주기가 다르다. 실시간으로 경쟁률 보여주는 학교, 10분 단위, 1시간 단위로 보여주는 학교가 많고, 인서울 대학은 하루에 2~3번 시간을 정해서(예를 들어 10시, 15시, 20시) 경쟁률을 공개한다. 마지막 날 인서울은 원서마감 2시간에서 6시간 전에 최종 경쟁률을 보여주고, 지방 대학은 원서 마감까지 경쟁률 보여주는 학교도 있다.

시골 학원에서 서울 내 대학은 대학별 원서 마감날 마지막 경쟁률을 확인한 후 지원 학과를 결정한다. 경쟁률 확인의 가장 큰 목적은 경쟁률이 높아서 합격하기 힘든 학과를 거르는 것이다. 상향으로 쓸 때는 학생 성적에 따른 대학 학과 경쟁률을 보고 결정하고, 최종 경쟁률이 안쪽으로 나올 것 같으면 지원할 수 있는 학교를 정해 원서를 쓴다.

서울대 수시와 정시

2023학년도 이전에 서울대 수시전형에는 눈치작전이 거의 없었다. 지역균형전형은 학교당 2장 학교장추천서를, 농어촌전형은 학교당 3장의 학교장추천서를 필요로 했다. 일반전형은 심층면접이 있어서 수시 지원 자체에 진입장벽이 높고, 자기소개서 마지막 문항도 달라서 지원자가 적었다. 수시 원서 마감 마지막 경쟁률과 원서 마감 후 최종 경쟁률도 크게 변하지 않았다.

첫날부터 경쟁률이 일정하게 오르고 눈치작전이 별로 없었다. 시골 학교의 경우 원서 기간에 학교에서 학교장추천 명단을 서울대에 공문으로 보내서 거의 모든 지원자가 최종 경쟁률 확인 전에 원서를 접수한다.

공대 지역균형전형은 경쟁률이 2대1인 학과가 많고, 1점 초반대 경쟁률 나오는 경우가 있어 최저만 만족하면 합격할 확률이 높다. 다만 명문고면 추천서 받기가 어렵고, 반대로 내신 받기 쉬운 학교면 친구들이 최저를 못 맞추는 경우가 많다. 서울대 지역균형전형은 평균 3대1에서 4대1 정도 나온다. 일반전형은 그보다는 높지만 심층 면접이라 경쟁률이 그렇게 높진 않고, 6대1에서 8대1 정도 나온다.

하지만 서울대 정시에선 원서 마감 마지막 보여주는 경쟁률이 전체적으로 1대1 정도였다가 최종에서 3, 4대1 정도로 경쟁률이 크게 올라간다. 정시는 수능 성적만 비교하기 때문에 진입장벽이 없다. 하지만 서울대 정시는 눈치작전이 정말 치열하다. 원서 마감 전 경쟁률을 보고 써도 놀라울 정도로 균일한 경쟁률 수준으로 최종 마감한다.

연세대, 고려대

수시전형으로 연세대와 고려대를 지원하는 학생들은 성향이나 전략이 많이 다르다. 2023학년도 이전에는 고려대에 최저가 있었지만 연세대는 최저가 없었다. 두 학교 모두 많은 친구가 지원해서 경쟁률이 아주 높다. 기본 경쟁률이 10대1 정도에 인기학과는 15대1에서 20대1까지 올라간다.

원서 접수 첫날부터 엄청나게 많은 사람이 지원하고, 눈치작전이 필요 없을 정도로 경쟁률이 올라간다. 눈치작전 하는 사람도 많지만, 기본적으로 경쟁률이 높아서 효과가 크지 않은데, 그나마 고려대는 수능 최저가 어려워서 눈치작전 할 만하다.

연세대는 2024학년도부터 최저가 생겨서 이전과는 다른 방향으로 진행될 것 같다. 고려대는 시골 학원 친구들이 많이 붙었지만, 연세대는 붙는 친구가 거의 없었다.

한양대, 성균관대, 서강대

2023학년도 이전 한양대 교과전형은 자기소개서가 없고, 내신 성적을 기계적으로 적용해서 성적이 높은 친구들이 많이 지원했다. 그래서 경쟁률이 낮아도 많이 지원하지는 못했다. 하지만 교과전형 경쟁률이 6대1 이하일 때, 성적이 낮은 친구가 합격한 경우도 있었다. 종합전형은 경쟁률이 높기로 유명하다. 10대1 나오면 경쟁률 잘 나왔다고 좋아하는 친구도 있을 정도다. 내신이 낮아도 생기부 기록 상태가 좋은 친구들이 많이 붙는 편이다.

성균관대와 서강대도 경쟁률이 치열하지만 한양대보다는 낮은 편이다. 생기부 기록 상태보다 성적이 높은 시골 친구들이 많이 붙는다.

인서울 주요 대학

인서울 주요 대학은 눈치작전이 심하지만, 예상외로 자기소개서가 있는 전형에서 경쟁률이 낮은 학과가 몇 개씩 있다. 많은 사람이 관심을 가지는 건 사실이지만, 여러 대학과 전형, 다양한 학과로 인해서 많은 갈래가 나뉘는 것이다. 경쟁률이 낮을 때 지원해서 마감 후 20대1로 경쟁률이 터지는 경우도 있고, 지원했던 경쟁률로 끝나는 학과도 있다.

수시 원서가 6장이라서 여러 전략으로 지원했을 때 좋은 결과를 얻는 경우가 많다.

수도권 대학

인하대, 아주대, 광운대, 가천대, 가톨릭대 등 수도권 주요 대학은 기본적으로 경쟁률이 아주 높다. 마지막까지 경쟁률을 확인하고 쓰는 친구들이 많다. 막판 경쟁률 변화도 크지만, 미리 지원하는 사람들도 많아서, 눈치작전을 많이 해도 표시가 안 난다.

시골 학원에도 수도권 대학에 지원하려 했지만, 경쟁률이 너무 높아 원서 쓰지 못하고, 국민대나 숭실대에 지원해 붙은 친구들이 많다. 눈치작전을 하려면 차라리 인서울 낮은 대학을 찾아보는 게 유리하다. 심지어 수도권 대학에 떨어지고 인서울 대학에 붙는 친구도 많다.

충남대, 경북대, 부산대

지역 거점 국립대는 평균 경쟁률이 높다. 특히 지방에 성적 높은 학생들이 안정으로 지원해서 입학성적이 높다. 원서 접수 3일째까지 많은 친구가 원서를 접수하고 마지막 날에는 경쟁률이 천천히 올라간다. 경쟁률 자체가 많이 높은 편이라 합격을 위해서 경쟁률만 보는 친구들은 마지막에 지원하는 것도 가능하다. 하지만 낮은 성적으로는 붙기 힘들고, 성적이 일정 수준은 나와야 하는데, 3점 중반 이내인 경우 종합전형으로, 내신이 4점대라면 차라리 최저 맞추는 교과전형에 경쟁률을 보고 지원하는 게 유리하다.

지방 국립대, 지방 사립대

현재 학령인구 감소로 인해 지방 거점 국립대를 제외한 국립대는 학생모집에 어려움을 겪고 있다. 내신이 6점대 이하인 친구들도 합격하는 경우가 많다. 특히 지방 사립은 해마다 1명씩 7점대, 8점대 친구들도 원서를 쓰는데, 지원한 후 입학처에 전화해 학교에 다니고 싶다고 이야기하면 최초합으로 붙는 경우도 많다.

눈치작전이 거의 필요 없다.

특수전형 농어촌, 기초수급차상위, 유공자전형

대학별로 경쟁률 차이가 크게 난다. 충남대 같은 경우는 특수전형 경쟁률이 높아서 눈치작전이 힘들지만, 인서울 학교에는 많은 기회가 있다.

시골 학원의 3점 중반 정도 되는 친구들은 충남대보다 인서울 대학 붙는 경우가 더 많다. 경쟁률 편차가 많이 나서 편하게 붙는 경우도 많다. 특히 특수전형에 최저가 있는 경우, 최저만 만족해도 합격 확률이 높아진다.

2022학년도에 세명대 한의예 사배자전형에 내신 3점 중반 친구가 붙어서 화제가 된 적 있다. 특수전형에 최저 있는 경우, 기대보다 좋은 대학에 붙는 친구들 많이 본다.

시골 학원에서 몇 년간 특수전형으로 지원한 내신 3점 이내 성적인 친구들은 거의 다 인서울 대학에 붙었다. 특수전형을 쓸 수 있으면 합격할 가능성이 있는 학과를 쓸 기회가 확실히 많아진다. 2023학년도에 농어촌전형 인서울 대학교를 쓴 친구들을 보면 최종 경쟁률이 4대1에서 6대1로 나온 경우가 많았다. 참고로 인서울에 경쟁률 3대1 정도 나오면 지원하면 거의 붙는다.

고교학점제로 인한 변화
2025 고등학교 입학생

현재(2023) 중2인 친구들이 고등학교 입학하면 고교학점제가 시행된다.

지금은 고1 때 전 과목 내신 1~9등급으로 성적이 나오고, 고2 때는 내신 1~9등급으로 나오는 과목과 A, B, C, D 성취도로 나오는 과목이 나뉜다. 예를 들면 물리1은 1~9등급으로 나오고, 물리2는 A~D 성취도로 나온다. 현재는 대부분 과목이 등급제로 나오는데, 성취도로 평가하면 대학교에서 어떤 식으로 성적을 산출할지 그 기준이 각각 다르다. 현재는 성취도 과목에 일정 내신을 설정하고 비중을 낮추어 내신 등급 위주로 성적을 산출한다.

성취도 과목은 명문 고등학교일수록 성취도 A 비율이 높은 건 당연하다. 하지만 시골 고등학교에서는 수행평가 비율을 높여서 수행평가를 열심히 하고, 시험을 어느 정도 보면 A등급 받는 게 어렵진 않다.

대학 입장에선 학생 선발을 위해 수능 최저, 면접, 심층면접 등 내신을 대신할 수 있는 평가 방법이 필요할 것 같다.

자사고, 특목고 선호 현상 심화

예전의 자사고에서는 고3 1학기까지 내신을 챙긴다는 게 정말 힘들었다. 공부를 열심히 하는 친구들이 많고, 머리 좋은 친구들도 많아서 3년 내내 집중력을 유지해야만 하기 때문이다. 고교학점제로 바뀌면 고1 때는 공부하고 고2, 3 때는 수행평가와 수능준비를 하는 형태로 바뀌게 되어 자사고, 특목고에서 열심히 하는 친구들이 내신을 잘 받을 기회가 될 것이다. 현재 자사고와 외고가 존치되는 상황에서 자사고와 특목고 선호현상이 심화될 것 같다.

중학교 때 고1 내신 위주로 선행학습 변화

예전엔 중3 때 고2, 3 과정까지 선행학습을 하는 친구들이 많았다. 하지만 이제 중2 친구들이 고1 내신을 준비하는 경우가 많아질 것 같다. 대학교에서 학생을 선발할 때, 상대평가 등급만큼 학생을 정확하게 비교할 수 있는 지표가 없어서 고1 등급제 내신 비중이 증가할 것이다. 현재 기준으로 내신 1, 2등급 맞는 것보다, 성취도 A 받는 게 훨씬 쉽다.

현재보단 여유로운 학교생활

현재보단 학생들의 고등학교 생활이 편해질 것 같다. 상대평가, 비교 경쟁이 제일 힘든데, 그 기간이 고1 한 해로 줄어서 2, 3학년 때는 조금은 여유로운 학교생활이 가능하다. 수능준비도 힘들지만, 1년에 4번 있는 중간, 기말 준비보단 여유 있다.

고1 자퇴 증가

현재도 내신이 안 좋아 전학이나 자퇴를 하고 싶다는 학생이 많다. 앞으론 고1 내신이 안 나오면 수시 지원에 불리하다 생각해 자퇴하는 친구가 증가할 것 같다. 많은 사람이 대학 진학을 위해서 재수를 선택하는 경우를 많이 본다. 대학 재수는 수능 최저, 수능 성적만 올릴 수 있지만 고1 자퇴는 내신을 올릴 수 있어 수시에서 훨씬 유리하다.

특히 서울대, 의치한약수를 목표로 하는 친구들의 자퇴가 상당히 늘어날 것이다. 다음 해에 입학하면 중학교에서 고등학교 올라오는 친구들보다 내신 준비가 훨씬 유리하다. 수능은 1년 동안 준비하기에는 분량이 많지만, 고1 내신은 1년 동안 준비하면 대비할 수 있다. 자사고에 입학한 친구들의 자퇴 비율도 높아질 것이다.

내신 지옥 명문고
– 시골 수학쌤의 지극히 개인적인 예상

현재도 내신 경쟁이 치열하다. 하지만 경쟁 기간이 1년으로 줄어들면, 많은 친구가 집중해서 준비할 것이다. 고1 내신을 위해 자퇴, 복학하는 친구들이 증가하고, 중3 때는 고1 내신 준비에 힘을 쏟아서 공부하는 친구들이 경쟁할 것이다. 아무리 우수한 친구라도 이런 상황에서 원하는 데를 갈 만큼의 내신 받기는 힘들 것 같다. 그렇기에 자사고에서 내신 잘 받은 친구는 확실히 대학교에서 인정해줄 것 같다.

시골 학교
– 내신 받기 편한 학교

우수한 친구들이 자사고, 특목고로 쏠리면 고교학점제 시행 초기 시골 학교에선 내신 받기가 편해질 수 있다. 의치한약수는 국립대 비중이 높다. 물론 사립 의대도 내신이 좋으면 합격할 확률이 있지만, 시골 학교에선 쉽게 합격을 예측하기 어렵다. 현재는 내신이 높고, 최저를 맞추는 친구들이 국립대에 많이 합격한다. 이 기조는 바뀌지 않을 것 같다. 제도가 바뀌어도 내신 받기 편한 학교가 국립대 의치약수 합격하기 좋을 것 같다.

입시의 시작은 고등학교 선택

　자녀가 고등학교에 입학하기 전, 부모님은 중요한 선택들을 한다. 선행을 어느 정도 할지, 어떤 과목을 공부시킬지 등이다. 주변에 공부 잘하는 학생이나 스카이, 의대 간 친구들의 학부모님들에게 정보를 얻는다. 일반적으로 좋은 대학에 간 학생의 부모님은 자신의 선택이 최선이라 생각하는 경향이 있다. 하지만 학생 당사자가 중요하다고 생각하는 점은 부모님과 사뭇 다르다. 가장 많은 차이가 고등학교 선택이다.

　서울대, 연세대, 카이스트, 사관학교, 메이저 의대 등을 원하는 친구는 특목고, 명문고를 추천한다. 다만 해당 고등학교에서 원하는 대학에 갈 수 있는 내신 등급대를 확인하고, 자신이 그 내신 등급 이내에 들 수 있을 것 같으면 지원할 만하다.

　카이스트가 목표인 친구면 졸업생 대부분이 카이스트, 서울대를 입학하는 대전과학고를 추천한다. 충남과학고는 30% 이내 졸업생이 서울대, 카이스트에 진학한다. 진학해서 내신 30% 이내 나올 정도가 되면 진학을 추천한다.

서울대 의대에 가고 싶으면 H고에서 1, 2등 하면 된다.

특목고 진학해서 성적이 안 나올 것 같은 경우 다른 학교를 추천해 드리면 "가서 열심히 하면 되지 않을까요?"라고 말씀하시는 분들도 계시는데, 특목고에선 열심히 해도 안 되는 경우가 많다.

대학을 잘 가는 게 목표인 경우 내신 받기 편한 일반고에 가는 걸 추천한다. 농어촌전형이 가능하면 농어촌전형이 되는 학교를 추천한다.

고등학교 입학하고 1학기를 마치면 첫 내신이 나온다. 학생마다 가고 싶은 대학이 있고, 내신 성적이 어느 정도 나와야 하는지를 생각하게 된다. 좋은 고등학교일수록 기대한 내신보다 안 나오고, 안 좋은 고등학교일수록 기대보다 성적이 잘 나오는 경우가 많다.

시골 지역에 공부 잘하는 친구가 많이 가는 Y고와 공부 잘하는 친구들이 잘 안 가는 G고가 있다. 시골 수학쌤이 가르치는 Y고 학생에게서 자주 들었던 이야기 중 하나가 "G고, 갈 걸 그랬어요."였다.

인서울 대학은 지방의 어느 학교가 공부를 잘하는지 알 수 없다. 원서 써서 합격한 친구를 보면 내신에 별 차이 없으면 비슷하게 간다. 하지만 모의고사가 비슷한 다른 학교 친구들을 비교하면 내신이 1점

에서 2점까지 차이가 난다. 당연하게도 내신이 1점 이상 높으면 지원
하는 대학교 급이 많이 차이 난다.

2023학년도에 충남대 의예과에 간 친구랑 한 이야기 중 기억 남는
말이 있다.

"Y고 갔으면 의대는커녕 서·성·한도 못 갔을 거 같아요."

선행학습

이번에 학원에 온 고1 학생이 있다. 중3 때까지 공부방에 다니다, 중3 겨울방학부터 왔는데, 수학적 재능이 뛰어나서 블랙라벨 1학기 과정을 수업 8번 만에 정답률 90% 이상으로 끝낼 뿐 아니라 문제 풀이 속도도 아주 빠르다. 가르치면서 얼마나 더 잘할 수 있을지 기대와 설렘을 주는 친구다. 부모님의 기대보다 능력이 뛰어나고, 다른 과목만 받쳐주면 원하는 대학에 갈 수 있다. 조만간 고등학교 수학 선행이 모두 끝날 것 같다. 하지만 이 친구와 같은 선행을 다른 친구들에게 권하는 경우는 거의 없다.

학원에 중학생 상담을 오셔서 진도를 언제까지 빼달라고 말씀하시는 어머님들을 많이 본다. 어머님들이 아는 좋은 대학 또는 고등학교 간 친구들이 했던 과정을 듣고, 똑같이 따라가야 한다고 생각하시는데, 진도 빠른 게 중요하진 않다.

267

선행 진도 나갈 때, 쉽게 한번 훑어보고 진도 나가는 경우를 많이 보는데, 어릴 때 선행 나가고 나중에 다시 본다고 실력이 늘진 않는다. 중학교 진도를 마치고, 고1 3월 모의고사 70점 아래로 나오면 중학교 과정에 대한 이해가 부족한 것이기 때문에, 고등학교 과정을 나간다고 하더라도 점수가 잘 오르지 않는다. 특히 중2 2학기와 중3 1학기는 충분히 난도 있는 문제 풀면서 공부해야 하는데, 이는 한 번 볼 때 충분한 시간 두고, 고민하는 시간을 갖는 만큼 실력이 쌓이기 때문이다. 아이들에게 꾸역꾸역 어려운 문제 풀어보라고 하는데, 그 시간을 유지할수록 실력이 쌓이는 것 같다. 고등학교 때 학원 오는 대부분 친구가 선행을 하고 오지만, 기억 안 나서 다시 진도를 나가는 경우가 많다. 선행할 거면 제대로 하는 게 시간 낭비를 줄이는 길이다. 정석 봤다고 도움되는 게 아니고 이해하고 기억에 남아야 도움이 된다.

특히 과목별 밸런스가 중요하다. 동네에 영어 숙제, 공부량이 많은 학원이 있다. 어머님들이 좋아하는데, 그 학원 다닌 친구 중 수능 때 수학 1등급 나온 친구를 보기 힘들다. 정시에서 영어 등급은 비중이 작고, 수시에선 최저를 맞추는 과목 중 하나일 뿐이다. 고등학교 공부 시간 대부분을 영어나 특정 과목에 투자하는 것은 비효율적이다.

학생 수준에 맞지 않게 과한 특정 과목 선행을 하는 대신 국어, 영어, 수학, 과학에 배분하는 게 중요하고, 특히 명문고, 특목고를 준비시키려면, 수학, 과학만 준비하는 것보다 과목 간 밸런스를 맞추는 게 고등학교 가서 적응하기 쉽다.

어차피 수시는 내신!!!

수시로 뽑히는 학생이 전체 모집 인원에 60% 이상인 만큼 내신이 가장 중요하다. 내신 성적이 좋은 경우 대학에 갈 수 있는 선택권이 넓어진다. 교과전형은 당연히 유리하고, 종합전형에서 가장 큰 스펙 또한 내신 성적이다. 내신 성적 챙기는 게 어려워서 스펙을 만들지만, 어떤 스펙도 내신을 커버하긴 힘들다.

시골 학원에서 내신 성적이 좋은 친구들은 종합전형으로 많이 붙는다. 교과전형에선 최저가 필요한 때도 있지만, 상대적으로 종합전형은 최저 있는 경우가 적다. 특히 교과전형으로 지원하는 친구들은 내신이 높지만, 종합전형은 상대적으로 내신이 낮은 친구들이 많이 지원해서 경쟁력이 있다.

대학교 공부도 사회생활도 성실성이 필요하다. 내신 성적이 1~2점대 나오는 친구들의 성실성은 인정받을 수 있다. 생기부 기록 상태가 부족해도 3점대 친구보다 유리하다.

특히 의치한수를 원하는 학생은 내신이 정말 중요하고, 최저를 맞춰야 한다. 고3 때 최저를 충족하지 못하면, 재수해서 최저를 맞추면 되기에 재수하는 부담도 적다.

고등학교 입학해서 모의고사 올1 나오는 친구라도 시골 고등학교에서는 어떻게 공부하는지에 따라서 내신 성적이 달라진다. 모든 과목 열심히 하면 경쟁할 친구 없이 내신 1점 초반이 나오겠지만, 모든 과목을 열심히 하지 않으면 1점 중반, 1점 후반까지 나온다.

고등학교 내신은 과목별로 등급을 결정한다. 내신 1등급 나오려면 4% 이내 등수가 나와야 한다. 학생 수가 100명이면 4등까지 1등급, 11등까지 2등급이 나온다. 과목별로 열심히 하는 게 중요하고, 모의고사를 잘 보는 친구들은 국영수 외의 다른 과목도 빠짐없이 잘 챙겨야 한다. 내신 1점 초중반은 고등학교 입학부터 3학년까지 꾸준히 열심히 한 친구만 받을 수 있다.

2025학년도부터 고등학교에 입학하는 친구는 1학년 때 내신에 집중하고, 2학년 때부터는 수능 준비를 하는 것으로 대입 준비 방향이 바뀔 것 같다. 이제까지와는 다르게 1학년만 상대평가등급제가 적용되고, 2, 3학년 때는 과목별 성취도로 생기부 기록이 되기 때문이다. 앞으로는 2학년 때부터 수능 준비가 필수가 될 것 같다.

이에 따라 학생들의 대입 준비 방법이 많이 바뀌어야 한다. 고교학점제에서 중요한 건 무조건 고1 내신 등급이다.

출결 상황
무단지각, 무단결과, 무단결석

수시에서 무단지각, 무단결과 2번은 무단결석 1회로 간주한다. 무단결석이 많은 경우 인서울 주요 대학에 지원할 때, 지원자격이나 감점으로 문제 되는 경우가 있다.

지각할 뻔했다고 이야기하는 친구에게 내가 해주는 말이 있다.

하나. 지각이 확실하면, 엄마에게 전화해서, 아파서 병원 들러 등교할 거라 선생님께 문자 보내달라고 해

둘. 너는 뒤로 돌아 병원 가서 감기, 두통이나 배가 아프다고 진료확인서 받고 약국에서 약 받고

셋. 학교로 바로 돌아가

3년을 학교에 다니다 보면 생각보다 지각을 많이 하게 된다. 선생님에 따라 무단 말고 다른 이유로 지각을 체크할 수 있지만, 무단지각

2번 또는 무단결석 1번 있는 경우 서울대에는 지원조차 할 수 없다.

내신도 중요한데 출석도 정말 중요하다.

원서 접수 시 경쟁률 확인

    일반적인 시골 고3 수험생은 8월 정도에 대학별 입결 성적을 비교해서 대학과 학과를 정한다. 고등학교 선생님, 컨설팅 업체, 대학 먼저 간 형제나 부모님의 도움을 받아서 결정한다. 컨설팅 업체나 재수학원, 고등학교 선생님들은 일반적으로 최근 1~2년 입시 결과를 바탕으로 제시한다. 특히 작년에 입시 결과가 낮았던 학과를 많이 추천한다. 학과 선호도 변화로 인해서 입시 결과 성적이 계속 낮은 경우면 앞으로도 입시 결과가 낮을 수도 있지만, 작년 경쟁률만 특히 낮은 경우는 다음 해에 어떻게 될지 모른다.

    시골 학원에서 경쟁률을 보는 가장 큰 이유는 지원해서 떨어질 학과를 거르기 위해서다. 합격 확률을 높이는 방법은 떨어질 확률이 높은 학과를 미리 거르는 것이다.

    성적에 따라서 대학, 학과에 붙을 경쟁률이 모두 다르다. 내신 3점인 친구가 국민대 지능전자공학부에 지원했을 때 경쟁률이 10대1이면 합격하기 힘들다. 하지만 경쟁률이 3대1이면 합격할 확률이 높다. 학과별로 합격할 만한 경쟁률을 정해놓고 그 경쟁률을 벗어나면 학과를 목록에서 지운다. 성적별로도 합격 경쟁률이 다르다. 내신이 2.5점인 경우 경쟁률이 7대1 정도면 지원할 만하다.

시골 수학쌤은 학생 성적별로 주요 대학의 기준 학과 경쟁률을 계산한다. 작년 기준 30명 정도 학생의 경쟁률을 계산하는 데 한 달 정도가 걸렸다.

성적대, 문·이과, 상향·적정·안정 전략, 특수전형 여부 등에 따라서 지원 경쟁률이 결정된다. 원서를 쓸 때 경쟁률과 최종 경쟁률은 차이가 날 수 있고, 경쟁률이 터질 수 있지만, 경쟁률을 보고 쓰면 쓸 때부터 떨어지는 경우는 피할 수 있다.

그리고 6장의 기회가 있어서, 경쟁률이 모두 높게 나오는 경우는 없다.

시골 고등학교에서는 원서 첫째 날이나 둘째 날에 번호순으로 교무실에 가서 선생님과 원서를 쓰는 경우가 많다. 원서를 쓸 때는 경쟁률 중요성을 모르지만, 막상 원서를 쓰고 나면 경쟁률의 중요성을 깨닫고, 마지막 날까지 계속 확인하면서 경쟁률이 높아지지 말라고 기도하는 친구들이 많다. 원서를 쓴 친구 중에는 심지어 원서를 아직 안 쓴 친구들에게 "내일 서버 터질 수 있으니까 빨리 원서 써"라고 재촉하는 친구들도 많다. 결국엔 마지막 날 원서를 쓰는 친구들을 부러워한다.

마지막에 원서를 쓰면 경쟁률이 올라갈 불확실성을 감수할 필요 없다. 마지막 경쟁률을 확인하고 쓰면 마지막 3~4시간 동안의 불확실성만 걱정하면 된다.

시골 학원에서 이렇게 이야기해도 원서를 미리 쓰고 싶어 하거나, 실제로 미리 다 쓰는 친구들이 많다.

첫날 원서를 다 쓴 친구들에게 왜 미리 썼냐고 물어본 적이 많다. 이런 대답을 많이 한다.

"내신 성적에 따라서 대학교 가는 줄 알았어요."
"경쟁률이 그렇게 높게 나올지 몰랐어요."
"마지막 날 원서 쓴 애들 경쟁률이 그렇게 낮을 줄 몰랐어요."

모든 사람이 경쟁률에 관심을 갖고 원서를 쓰면 주요 대학 학과는 경쟁률이 일정하게 올라야 한다. 현실은 그렇지 않아서 경쟁률 편차가 정말 심하다. 같은 전형의 학과별 경쟁률이 3대1에서 20대1까지 다양하다.

미리 원서를 쓴 많은 친구 덕분에 마지막 날 원서 쓴 학생들이 더 좋은 대학 갈 기회가 많아진다.

내신 성적과 경쟁률 분석

상향, 소신, 안정 지원 주의사항

합격 여부는 내신 성적과 경쟁률로 예측할 수 있다. 충남대를 예로 들면, 이과 내신 3점인 친구가 종합전형(프리즘) 기계공학부에 지원하는 경우, 지원자 중에 상위 30% 정도 된다. 이때 경쟁률에 따라 합격 여부 차이는 다음과 같이 생각해볼 수 있다.

- 경쟁률이 6대1인 경우 합격할 가능성이 크다. 10명 모집에 60명이 지원했으면 18등 정도 된다. 추가합격을 고려하면 무난히 합격할 수 있다. → 안정, 적정 지원
- 경쟁률이 9대1인 경우 10명 모집에 90명이 지원했고, 지원자 중에서 27등이면 추가합격 명수에 따라서 합격이 결정된다. → 소신 지원
- 경쟁률이 12대1인 경우 10명 모집에 120명 지원했고, 지원자 중에서 36등이면 합격하기 어렵다. → 상향 지원

충남대에 최저가 있는 전형은 내신 성적과 경쟁률, 수능 최저를 맞추는 비율이 중요하다. 비인기학과에 내신 5점으로 지원하면 지원자 중에서 하위 60~70%에 위치하고, 최저 맞출 비율이 30~40% 정도라고 가정해보자.

- 경쟁률이 6대1인 경우 10명 모집에 60명이 지원하고, 지원자 중에서 40등 정도 된다. 최저 맞추는 비율까지 적용하면 최저 맞춘 지원자 중에서 16등 정도 된다. 추가합격을 고려하면 합격할 가능성이 크다.
  → 적정 지원
- 경쟁률이 8대1이면 최저 맞춘 지원자 중 22등 정도로 합격할 가능성이 크진 않지만, 합격할 가능성이 있다. → 소신 지원
- 경쟁률이 10대1이면 합격하기 어렵다. → 상향 지원

대학에서 전년도 입시 결과와 경쟁률을 모두 제공하므로 이를 통해서 자기 내신에 맞는 경쟁률이 어느 정도인지 판단하고 해당 학과에 지원하는 게 중요하다.

상향 지원 주의사항

해당 학과의 평균적인 입결이 자기 내신보다 매우 높은 경우 상향이라고 한다. 하지만 상향인 학과의 경쟁률이 아주 낮으면 입결 성적은 내려간다. 작년에 경쟁률이 10대1였던 학과에 입결이 높아도, 이번 연도 경쟁률이 3대1이면 상향으로 지원할 가치가 충분하다. 최종

경쟁률이 크게 높아지는 경우도 있지만 지원할 때와 비슷하게 마감하는 경우도 많이 본다.

경쟁률이 작년보다 높거나 비슷한 경우, 지원을 말린다. 경쟁률이 낮은 경우 합격 확률이 있지만, 작년과 별 차이 없는 경우는 합격할 가능성이 거의 없다. 다른 가능성 있는 대학을 찾아보는 게 최선이다. 상향 지원은 합격할 가능성이 낮은 학과를 2~3개 지원해서 1개를 건지는 전략이다. 확률이 없으면 상향 지원이 아니라 원서를 버리는 행동이다.

소신 지원 주의사항

해당 학과가 자기 성적보다 조금 높은 경우는 특히 경쟁률을 잘 살펴야 한다. 작년보다 경쟁률이 낮으면 합격 확률이 높아지고, 경쟁률이 높으면 불합격 확률이 높아진다. 최종 경쟁률이 과거보다 매우 낮을 것 같은 경우는 지원할 만하다.

적정 지원 주의사항

본인 내신에서 합격 확률이 높다. 하지만 경쟁률이 크게 높아지는 경우 조심해야 한다. 작년에 입결이 특별히 낮은 경우 다음 해 지원자가 몰리는 걸 자주 본다. 특히 일반 입시 컨설팅 업체는 전년도 입시 결과를 기준으로 학과를 추천한다. 내가 추천받은 학과를 다른 학생에게도 추천하며, 또 다른 컨설팅 업체에서도 그 학과를 여러 학생에게 추천한다. 경쟁률 추이를 확인하고 넣어야 한다. 원서 접수 5일 중에서 2~3일 차에 전년도 경쟁률을 넘는 경우를 자주 본다.

안정 지원 주의사항
- 입구 컷

안정으로 지원하는 경우 자기 성적보다 아주 낮게 지원했다가 떨어지는 경우를 많이 본다. 내신 2점 초반대 친구들이 단국대, 광운대, 경기대 지원해서 1차에 떨어지는 경우가 그것이다. 재수하는 친구들이 전년에 지원한 대학을 조사해보면 상향은 너무 높고, 안정은 너무 낮아서 다 떨어진 경우가 많다. 상향은 높게 써볼 만하다. 하지만 안정으로 쓰는 경우는 적당한 선에서 지원해 입구 컷 당하는 경우는 피해야 한다.

국립대는 안정으로 쓰면, 성적이 높은 친구는 거의 붙는다. 시골 지역에선 성적이 높은데도 불구하고 충남대만 합격하는 경우도 많다.

합격 가능성은 최종 경쟁률이 나오면 어느 정도 가늠이 된다. 합격할 가능성이 전혀 없는 대학을 지원하는 행위, 붙어도 입학하지 않을 대학에 여러 장 지원하는 행위는 피했으면 좋겠다.

재수를 생각하는 경우는 원하는 대학보다 조금 낮은 대학이라도 합격하면, 다음 해에 위축되지 않고 원하는 대학에 지원하는 데 큰 도움이 된다.

원하는 대로 되지 않는 친구들

원하는 대학에 가는 친구도 많지만, 잘 안 되는 친구도 자주 본다.

예전에는 학생들이 원하는 대로 원서 써주려고 했지만, 요즘은 원서 쓰는 걸 도와줄 필요가 있을까 생각이 들 때도 종종 있다. 형, 언니들이 낮은 성적으로 대학에 간 사례가 쌓일수록 자기 성적보다 대학에 잘 가더라도 원하는 대학에 붙지 못했다고 불만을 이야기하는 친구나 부모님이 생긴다.

학교 친구나 아는 사람이 자기와 비슷한 성적인데 더 좋은 대학에 갔다고 나를 원망하는 친구가 작년에 있었다. 내신 3점 후반에 충남대 일반 예비 34번 받고, 떨어졌다. 이 이야기를 듣고 기분이 안 좋았는데, 얼마 전 공개한 충남대 입시 결과에 예비 33번까지 합격한 것을 보고 나서 많은 생각이 들었다. 떨어졌다고 불만을 표시한 친구가 원하는 대학에 붙는 것과 떨어지는 것 중에서 어떤 결과가 좋았을지.

나이는 먹어가지만 어른이 되려면 아직 시간이 더 필요한 것 같다.

학원에 다니지 않지만 외부에서 수시 원서 도움을 받으러 오시는 분 중은 대체로 성적보다 대학에 잘 갔고, 혹여 적정 붙어도 불만을 표시한 분은 지금까지 없었다.

자기 성적보다 훨씬 높은 대학만 쓰려는 친구들, 너무 큰 기대를 하는 친구는 원서를 안 도와주는 게 맞다는 생각을 한다.

어렸던 딸과 아들이 커갈수록 어떤 식으로 키워야 할지, 어떻게 가르쳐야 할지 생각을 많이 한다. 서진이, 지오와 나이가 같은 친구들의 부모님들이 물어보시면, 중고등학교 때 어떻게 해야 하는지를 알려드리지만, 막상 우리 아이들은 어떤 식으로 가르쳐야 하는지 어려울 때가 있다. 다행히 학부모님, 학생과 이야기하면서 많은 도움을 얻는다. 학교생활이나 친구 사이 문제가 생기는 경우, 학생들에게 물어보면 해결책을 금방 찾는다. 공부나 학교 선생님과의 관계에서는 학부모님들이 많은 경험을 갖고 계신다.

학교 다니는 아이들에게 이렇게 도움을 받을 만한 형, 언니가 많으면 좋을 텐데 안타깝게도 이야기를 나눌 친구나 선배가 별로 없는 아이들이 많다. 종종 그런 친구들에게 선배를 불러서 이야기를 나누게도 하는데, 그 자체로 아이들에게 큰 힘이 되는 걸 느낀다. 또 아이들은 "문제 생기면 말해, 해결해 줄게"라고 말하며 서로 위안을 얻기도 한다.

학원에서 만난 아이들이 서로 형, 동생, 친구 하며 지냈으면 좋겠다.

부모님이 생각하는 것과 자녀가 느끼는 문제에 관한 생각은 차이가 크다. 학생들은 자기에게 공감하지 않거나, 도움이 되지 않는다고 생각이 들면 어른과 이야기를 나누려 하지 않는다. 이런 생각을 가지고 학생들과 이야기하려고 노력한다. 해결책을 찾지 못하더라도 학생과 공감할 수 있는 어른이 되려고 노력하는 중이다.

지방 학생의 입시 고군분투기

대학 갈 수 있을까?

초판 1쇄 발행 2023년 08월 21일

지은이 유정선, 김윤지
펴낸이 류태연

펴낸곳 렛츠북
주소 서울시 마포구 양화로11길 42, 3층(서교동)
등록 2015년 05월 15일 제2018-000065호
전화 070-4786-4823 | **팩스** 070-7610-2823
홈페이지 http://www.letsbook21.co.kr | **이메일** letsbook2@naver.com
블로그 https://blog.naver.com/letsbook2 | **인스타그램** @letsbook2

ISBN 979-11-6054-647-7 03370